Donegel Smith

„HALLO,

ist da WER?"

*Ein Ruf
an die Wirtschaft
und Gesellschaft!*

„Donegel Smith"

- geboren am 21.08. 1970 in Gotha
- 1972 nach München gegangen.
- verheiratet mit Schriftstellerin von „Herzdideldummdei"
- Kaufmann, geprüft
- 40 Jahre Ornithologe

- Donegel Smith ist ein in München lebender Schriftsteller & Kabinettmaler.

- Er liebt die Weite der Berge und der Seen.

- Washington, London & Paris sind die Städte, deren Flair seinen Schreibstil beeinflussen.

- Jan Vermeer –„Dame mit Perle"

- Besonders mag er von dem Engländer Wyllie – „The Phantom Ship - 1889"

- Lyrik des 17. Jahrhunderts und 18. Jahrhunderts lehrte ihn schreiben

Herstellung und Verlag: BoD - Books on Demand, Norderstedt

ISBN 978-3-7431-1318-3

-veröffentlichte Bücher :

Wirtschaftsweckruf: **"HALLO, ist da WER?"** 2016, 2017

Wolfsroman: **SILENT – THE NATURE IS BACK**; Februar2016

SB: „ **DER WANDERER**" oder Maria Magdalena auf den Fersen"; August 2015

Erotikroman **„McArthy – ein Teufelsweib?"** Mai 2015

Kommunikation zwischen Geiern und Aasfressern, sind ein wichtiger Grund dafür, dieses Buch zu lesen. Da in unserem Land etwas nicht mehr stimmt. Bei jedem Jurastudium lerne ich, dass in unserem Land die Judikative die Rechte und die Gerechtigkeit schützt. Inklusive der Rechte des Besitzes, des Eigentums, dem unbeschadeten Nicht-Antasten der Menschenwürde.

In unserem Land vergreift sich die **ARGE** an allen Rechten des Menschen in einem ungeahnten Ausmaß. Es ist bei uns in Deutschland üblich, im Falle einer Straftat oder dem Verdacht einer Gefährdung, dass eine richterliche Verfügung u n b e d i n g t erforderlich ist, um in die Unterlagen des Kunden oder Kontoauszüge Einblick nehmen zu dürfen. Doch die ARGE denkt wahrscheinlich anders. Wenn wir schon unfähig sind Arbeit an den Mann oder die Frau zu bringen, so wollen wir doch wenigstens wissen, wie viel Geld die „arbeitslosen Menschen" besitzen. In den Amtsstuben dieser Institution sitzen aber lauter Ahnungslose – die weder vom Markt – noch von den Unternehmen etwas wissen. Auch haben sie keine Ahnung von den Interessen der Unternehmen in diesem Land. Doch es scheint so, als habe man ihnen einen Freibrief ausgestellt. Da wird das Recht des Einzelnen gebrochen. Der Arbeitssuchende ist kein Verbrecher und Betrüger. Der Unfähige sitzt in der ARGE, weil er für eine Arbeit bezahlt wird, als offizieller Vermittler, die er aus seinem Können heraus einfach nicht bringt.

Kommunikativ sind die wenigsten der Angestellten und in die Lage - von Hartz IV zu leben - kommen diese „Menschen" auch nicht. Geschützt - werden ihre Arbeiten nicht einmal kontrolliert. In der Wirtschaft wird Mann und sein Tun auf das Tiefste geprüft, ob man denn sein Geld auch wert sei. Ihr Geld sind sie nicht wert.

RECHT muss wieder RECHT werden.

Ob jemand nun Arbeit sucht oder in einer Warteschleife sich befindet.

Schauen wir nicht mehr nur einfach weg.

Fordern wir die Kontrolle des Staatsapparates durch die intuitive Gewalt des Volkes wieder ein.

Zeit dafür wird es allemal. So wird das Volk nicht umgangen und der Glaube an die Gerechtigkeit muss nicht einer braunen Ideologie eine Chance geben, sondern wieder dem DEUTSCHEN VOLKE. Und Menschen die Hilfe brauchen, werden sie auch bekommen.

Geier und Aasfresser gibt es nicht nur an den Küsten des großen Kontinentes Afrika. Geier und Aasfresser sind nicht nur in Russland oder Amerika zu Hause, egal ob in der Natur, Politik oder Wirtschaft. Nein – Geier oder Aasfresser sind das Übel unserer Gesellschaft oder Wirtschaft in allen Unternehmungen, wo deren „kleine" Menschen an der Wirtschaftlichkeit zu zerbrechen drohen. –Geier in der Natur sind ein Segen für die Umwelt, da wo sie zu Hause sind. Ihre Zahl ist nicht hoch – und doch ist die Auswirkung ihres SEINS von entscheidender Bedeutung.

Aus dem Stand fallen mir sehr viele Möglichkeiten ein, in Unternehmen eine neue Motivation des Handelns zu etablieren. Doch niemand würde diese Möglichkeiten heute haben wollen, damit **alles schön beim Alten bleibt.**

THEMA: HOCHSENSIBILITÄT

Ich möchte darauf hinweisen, dass es Menschen gibt, deren Sensibilität so hoch ist, dass es ein Segen für „andere Menschen oder Führungskräfte" sein kann. Doch sind die Auswirkungen für die „Betroffenen" selbst, von einer einschneidenden Art, wo ein Partner zu diesen sensiblen Personen großes Verständnis und Achtung aufbringen kann und muss. Doch die Geschenke des Einander verstehen – überflügeln die Hindernisse bei Weitem. Auch in den Führungsetagen der Personalbrüder und Schwestern gehört ein neues Überdenken in die alte Denkstruktur aus den 70er Jahren.

<u>Dieses Abzulegen wird eine echte Herausforderung. Es lohnt sich!</u>

Viele Arbeitnehmer sind mit ihrer Arbeit unzufrieden. Eine unausgesprochene Tatsache ist, dass 60 bis 70% der Arbeitnehmer innerlich schon gekündigt haben. Unzufriedenheit und Trostlosigkeit

haben die Menschen ihrer Lust an der Arbeit beraubt. Wenig Erfolgsaussichten und eine immer weiter steigende Frustzunahme, führen zu einer Gewaltspirale in der Gesellschaft. Niemand kann sich mehr auf Zusagen aus dem Unternehmen verlassen. Gute bis sehr gute Noten als Anspruch führen schon in der Jugend zu einem Rennen auf die Studienplätze.
Am Ende wird gelost, wie bei den letzten Kleidern Jesu Christi unterm Kreuz.

Das kann doch nicht die Zukunft sein!!!
Kinder haben keine Freizeit mehr, sondern sitzen 80 Stunden in der Woche über den Büchern. Sind sie dann mit der Schule

fertig, droht schon die Jugendarbeitslosigkeit mit all ihren schrecklichen Folgen. „Mittlere Reife" ist heute schon fast wie Hauptschule. Eine Lehre - ohne Studium oder Abitur - zählt auch nicht mehr als Leistung. Schaffen es die Jugendlichen dann in ein Unternehmen, benehmen sich die vorhandenen Angestellten schon im Anfang wie die Geier zu den jungen Menschen, weil sie selbst um ihre Position Angst und Bange haben. Kriechen und Schleimen macht es nimmer fett – das Brot der Dummheit.

Jeder einzelne Mensch in einem Unternehmen, ist wichtig wie ein Zahnrad in einer „Schweizer Uhr". Doch der

wichtigste Mensch in einem Unternehmen ist der Geschäftsführer, Vorstand, leitende Angestellte.(Nicht Geier – nicht Aasfresser) All diese Menschen oder Gruppierungen sind dazu da, die Menschen –unter Ihnen - zu einer hervorragenden Leistung zu führen. Deshalb heißen sie ja auch Führungskräfte. Doch zum Führen einer Mannschaft von Arbeitnehmern sind die heutigen „Kräfte" nicht in der Lage.
In den Personalbüros der Unternehmen sitzen Frauen und Männer deren Lebensweg sie für die Beurteilung einer menschlichen Leistung unfähig machen. Mit dem „goldenen Löffel" der Familie aufgewachsen, in denen das Geld schon

immer vorhanden war, sind sie von den Selbstverständlichkeiten des Erfolges geprägt. Der andere Weg der „Unfähigkeit" besteht dann darin, nur die Theorie der Schule oder des Studiums der Betriebswirtschaft erlegen zu sein, deren tatsächliches Bewusstsein nicht von Lebenserfahrung geprägt ist.

Kampf beim Lernen ist schon von den Eltern übernommen und mit 18 steht dann auch schon der „Porsche" vor der Haustür, oder um der Übertreibung nicht das Zepter zu überlassen, gibt es schon Gymnasien (privat) wo der Parkplatz der Schüler eher einem Autosalon in Genf gleicht. Wo bleibt da der Anreiz, sich durch Arbeit etwas aufzubauen??? Wie sollen junge Menschen noch Ziele haben? Träume werden nicht dadurch erreicht, dass einem alles schon hingestellt wird. Träume sind der persönliche Antrieb und die Motivation für unser Leben. Aus Träumen werden Taten geboren. Sie umzusetzen bedarf es der Tatkraft von „kleinen" Helden. Jeder kann ein Held seines eigenen Lebens sein. Doch ist die Versuchung dabei, sich zu verbiegen, wird es schwer wieder auf den eigenen Weg abzubiegen. Niemand kann und wird von allein, den richtigen - eigenen Weg finden. Es bedarf im Leben einer Lenkung durch Kräfte einer – nennen wir sie – höheren

Macht. Es ist wie beim Golf spielen. Jeder Spieler muss seinen eigenen Schlag finden. Dann kann er alle 18 Löcher in bester Qualität spielen. Versuche ich die Spielweise eines anderen Spielers zu kopieren, dann wird mein Spiel von Misserfolg gekrönt sein.

Der Weckruf an die Führungsetage beginnt jetzt in diesem Augenblick!!!

Nichts ist heute so sicher, wie die Tatsache, dass nichts sicher ist. Der Job auch in den

Führungsetagen ist nur deshalb scheinbar sicher, weil keine Krähe der anderen Krähe ein Auge aushacken will. Doch es ist nicht Sinn eines Unternehmens sich im menschlichen Bereich um Positionen zu streiten, sondern es ist Aufgabe der Führenden, das Unternehmen zum Erfolg zu führen. Allen soll es im Betrieb oder Großunternehmen gut gehen. Dann ist die Motivation hoch. Glauben die Chefs der Führungsetagen immer noch an das Märchen von Knüppel und Peitsche des 18. Jahrhunderts in England, als die Menschen zur Arbeit hin geprügelt wurden?

Nein – moderner Betriebsführung liegt

die Fähigkeit einer ausdrucksstarken und intelligenten Kommunikation zu Grunde. Heute würde kein Chef mehr glauben, dass es zu besseren Leistungen führen würde, wenn er die Mitarbeiter um bestimmte Aufgaben <u>bitten</u> würde. Schließlich hat „MANN" sich doch die Position da oben „so hart erarbeitet". Doch immer wieder haben Umfragen oder Forschungen aus der Wirtschaft die Tatsache bestätigt, dass genau diese „Neuen – Alten" Verhaltensmuster der Freundlichkeit, Integrität, Wahrheit und Bestimmtheit, von allen Mitarbeitern zu einem sehr guten Betriebsergebnis führen kann.

Früher gehörte ein Stolz dazu ein „OPELANER" zu sein. Ob nun Optik oder Auto oder Elektronik spielt beim Namen keine Rolle. Denn es geht um das Gefühl dazu zu gehören. Dieser Leitgedanke eines in sich ruhenden Unternehmens wird nur noch vom „Chef eines Bekleidungsunternehmens in Deutschland" praktiziert. Der Erfolg gibt ihm recht. Doch sind die Unternehmen in ihrem Profitdenken davon abgekommen, sich von Meinungen aus anderen Schichten des eigenen Betriebes beraten zu lassen. Überheblichkeit, Arroganz, Selbstüberschätzung und die unverhohlene Klarheit eines überbewerteten EGOS führen zu einer so genannten Beratungsresistenz.

Störenfriede die den inneren Frieden eines Unternehmens beeinflussen, weil sie sich auf Machtspiele einlassen, sollte der kluge Unternehmer aus seinem Betrieb „entfernen". Auch ein Betriebsfrieden ist ein Frieden, welcher zu verteidigen ist. Wenn ich vergessen habe, dass ich als Angestellter meine Wahl des Berufes und des Betriebes selbst getroffen habe, muss ich auch anerkennen, welche Position mir entspricht.
Den Mut ein Unternehmen zu gründen soll auch keine Meinung ändern. Weder durch

das – mehr an Geld – noch durch besondere Dinge – die ich mir halt aus der Eigenständigkeit heraus leisten kann. Der Preis der Gründung ist hoch. Keine Zeit für Familie, Freunde, Hobbys und, und, und.

Neid – sicher kommt dann gleich der Neid der Nachbarn und Freunde. Doch haben sich die <u>Neider</u> auch einmal die Frage gestellt, warum sie nicht den MUT gehabt haben, selbst eine Unternehmung zu gründen? Schon wäre der Neid ihre eigene Fallgrube. Denn es würde ihnen unmittelbar bewusst, dass es mehr braucht als ein großes Mundwerk, um an all die Dinge der Selbständigkeit zu denken.

Immer wieder versuchen sich „Handwerker" als Unternehmer oder Wirte oder Eigenständige. Doch kaum ist ein halbes Jahr herum, scheint ihre Unternehmung zum Scheitern verurteilt. Es bedarf mehr, als nur eines guten Willens, ein guter Unternehmer zu sein. Ob nun groß oder klein. Spielt dabei keine Rolle.

*Schaffe ich es - als Unternehmer mir mein eigenes „***SELBST***" zu behalten, kann es sein, dass ich es weit bringe.*

Nun ist es bei den **Hartz IV – Satz** *Diskussionen auch nicht viel anders. In der*

Wirtschaft und Politik sagen alle gern, die Sätze wären zu hoch und der Anreiz zur Arbeitsaufnahme würde nicht mehr da sein.

Was soll denn dieser **„Schmarrn"** eines normal denkenden Menschen? Würden die studierten Herren statt eines Taschenrechners und Bilanzverschönerung sich einmal die Mühe machen, den täglichen Bedarf einer Familie durch zu rechnen, würden sie schnell erkennen, dass der heutige Hartz IV Satz niemals zu hoch sein kann. Im Gegenteil müsste der Satz schon lange erhöht werden. Wie soll man das finanzieren? Ich glaube, wenn die Gewählten & Bundestagsabgeordneten ihre Altersversorgung und Krankenkasse und sonstige Vorsorgen selbst bezahlen, so würde Kapital frei, um mehr Geld in die Versorgung der Hartz IV Bedürftigen zu investieren. Sicher mag es Empfänger geben, die so ganz und gar mit der Arbeit ein Problem haben. Aber man kann nicht alle Menschen unter Generalverdacht der Unlust zur Arbeit stellen. 3 Millionen Arbeitssuchende plus die geschönten Statistiken müssen Arbeitsplatztechnisch erst einmal von der Wirtschaft bereit gestellt werden können. Die Wirtschaft ist dazu nicht Willens oder nicht in der Lage. Mehr Arbeitnehmer kosten mehr Lohn und somit auch mehr Aufwendungen gegenüber der Gewinnbilanz. Somit schrumpft dann auch der Gewinn. Doch dieses ist ja dann auch kein Geheimnis mehr, dass in den DAX Unternehmen die Führungsetagen keine Arbeitsverträge wie bei den Normalos bekommen, sondern in Form von Beratungsverträgen können sie Vergütungen verlangen, die eher einem Unternehmervorstand entsprechen. Ist also der Gewinn hoch, steigt die anteilige Vergütung der Führungsspitze in Form von Zusatzprämien. Der Weg den „Einige" nach dem Schulweg einschlagen, wird durch die Eltern oft schon vorbestimmt. Studium und der Arbeitsplatz im eigenen Unternehmen ist schon warm gehalten, noch ehe der „Sprössling" seinen Po einmal

richtig von den Federn des weichen Kissens hochgehoben hat. Andere versuchen sich mit Fleiß, Mühe und Ehrlichkeit eine Existenz zu erarbeiten und kommen nicht vom Fleck. Warum?
Heute reicht – ein Sozialwissenschaftsstudium, um prädestiniert zu sein, eine Belegschaft in einem Unternehmen zu beurteilen und weiter zu entwickeln. Früher hätte es Menschenkenntnis gebraucht.

Eine Unternehmenskultur -für Menschen- der Betriebsführungen in den DAX Unternehmen ist in den Keller gewandert.

Nur der Profit ist von allem das Wichtigste. Doch schauen wir uns einmal um, wird die Wirtschaft und „ihre heiligen" Vertreter sich einem

UMDENKPROZESS

unterziehen müssen.

Arbeitslose sind keine Verbrecher.

Arbeitslose sind MENSCHEN, deren Lebensweg oft von Umwegen geprägt wurde.

Die Schule war zu viel oder zu schwer. Hohe Anforderungen der Lehre sind die jungen Menschen nicht gewohnt gewesen, da es ihnen nicht von Zuhause mit gegeben wurde. Der Fleiß eines Menschen entsteht nicht nur in der Schule oder dem Betrieb. Eine Prägung zu Verantwortung für „Sich" und „Andere" ist die Aufgabe der Eltern. Bei der Erziehung ihrer Kinder schon in den Kindertagen sollten sie darauf achten, den Kindern - die Regeln des Lebens - mit Liebe und Güte zu vermitteln. Sanftheit und Güte gepaart mit Durchsetzung und Konsequenzen, lässt einen in sich reifen und stabilen Menschen mit einer starken Persönlichkeit heranwachsen.

In den sozialen Netzwerken funktioniert eine massenhafte Kommunikation. Doch sind die Menschen außerhalb ihres Handy

Systems – nicht mehr fähig – normal und kreativ zu kommunizieren. Der Handywahn hat sie voll erwischt. Nur noch gebeugt – geknickt – über dem Handy, Smartphone – wird die Welt nicht mehr wahrgenommen. Eine HandyPause von 4 Wochen kann einem Menschen in Arbeit und Familie wieder die Augen für das richtige Leben öffnen. Doch Arbeitnehmer haben heute die Vorstellung, dass sie ununterbrochen erreichbar sein müssten, um in der Arbeit dabei zu sein. Was für ein Schwachsinn, der durch die Führungskräfte von Unternehmen geschürt wird – ohne dass die Menschen dieses selbst merken oder analysieren.

Kommunikation – *ist das* Hauptthema dieses Buches. Kommunikation ist der Weg zu einer Gesellschaft, die den Mensch als Gegenüber wieder neu begreift.

Kommunikation in der Arbeit muss wieder in einer Art geführt werden, die den Empfänger von Anweisungen als Mensch respektiert. Doch das Streben der einzelnen, aufgeblähten EGO's, ist immer das Gleiche. Macht und Druck ausüben, auf die vermeintlich, kleinen Untergebenen. Auch in der Kommunikation von Oben nach Unten muss wieder ein Ton der Harmonie einkehren. Es ist kein Geheimnis, dass es in

kleinen Unternehmungen mit einer Kommunikation auf Augenhöhe, eine höhere Wirtschaftlichkeit und Rentabilität ergibt. Dazu muss ich kein Wirtschaftsforscher sein, um diesen Zusammenhang zu erkennen.
Der Mensch als höchstes Gut unserer Erde in allen Regionen unserer, einmaligen Welt kann überall zu den gleichen Leistungen angespornt werden. Nur muss es die Möglichkeit geben, sich mit „seinen" Leistungen einzubringen.

Kommunikation ist also das Zauberwort für viel Gewinn und betriebliche Zufriedenheit.

An die Unternehmer in diesem Land möchte ich den Aufruf geben — haben sie keine Angst vor einer Mit-Einander-Kommunikation zwischen Ihnen als Führung und ihren Mitarbeitern. Sie sollten sich einer solchen menschlichen Entwicklung nicht widersetzen und auf das Wunder der positiven Struktur vertrauen. Erlebt habe ich dieses Wunder noch nie, doch würde ich dieses Buch nicht schreiben, wenn nicht eine große Hoffnung bestehen würde. Aus dem Erlebten kann ich nur die UMKEHRUNG der schlechten Erfahrungen in dieses Buch als Hilfe anbieten. Wunder entstehen erst — wenn wir selber anfangen daran zu glauben.

Thema: Rente mit 67 oder gar 70?

Wer soll denn heute schon bis 67 oder gar 70 arbeiten, wenn die Wirtschaft einen Menschen mit 45 Jahren weder in die Unternehmen einstellt, noch gar bis zu einem so hohen Alter beschäftigen möchte? Wie soll man denn sich Perspektiven erarbeiten, wenn nur das „junge, billige Gemüse" von 20 bis 26 Jahren attraktiv genug für die Unternehmen ist? Aber eine Betriebserfahrung von 25 Jahren sollen diese jungen Menschen schon mitbringen!!! Wer sitzt nur in den Ämtern oder der Politik herum und denkt sich solchen Schwachsinn aus? Dies können nur

Menschen sein, die eine Unternehmensstruktur vom Hörensagen kennen. Denn auf ihrem akademischen Bildungsweg war die schwere Arbeit und Maloche sicher nicht vorgesehen. Oft sind die Menschen in den Betrieben mit schwerer, körperlicher Arbeit gar nicht mehr in der Lage, noch länger ihrer Arbeit nach zugehen. Doch wenn ich Finanzminister bin und durch das Leben rolle, merke ich die schwere Last der Arbeit nur in meinem Kopf – aber nicht in meinen Knochen. <u>Wir</u> als Politiker haben dann noch mehr für unsere Bezüge ab dem 52. Lebensjahr übrig, wenn die Menschen vor der Rente sterben. Wir sind ja abgesichert.

„Holzmann" war ein Name der mit einem Kanzler in Verbindung stand. Hoffnung und Glaube an eine Zukunft wurden damals hochgehalten. Übrig ist ein Haufen Schutt und viel menschliches Elend geblieben. Doch das Elend der Menschen, die durch falsche Versprechen ihre Arbeit, Gegenwart und Zukunft verlieren hört einfach nicht auf. <u>Es sei denn</u> – ein Umdenken in der gesamten deutschen Wirtschaft setzt ein und bringt eine neue Dynamik in die Unternehmen und die darin arbeitenden Menschen. Es kann nicht sein, dass unsere Gesellschaft von den umsonst helfenden Menschen leben soll, während sich einige wenige „vermeintliche

Persönlichkeiten" die Taschen vollstopfen, um zu leben wie die Made im Speck. Doch ihr „Reichen" ohne Charakter, es gab schon mal ein Gleichnis vom Reichen der alles umbaute und faul werden wollte. Doch Gott forderte sein Leben von ihm in der Nacht. Was muss das für ein Zähneklappern gewesen sein, als der „Reiche" merkte, jetzt steh ich alleine da, vor meinem Schöpfer und habe immer nur an mich gedacht. <u>Wo sind meine Freunde?</u> Ach ich habe gar keine Freunde, die Freunde die ich hatte sind vor Reichtum übergeschnappt oder tot. Wollen wir alle den diesem traurigen Beispiele folgen? Noch ist es Zeit, um eine neue Strategie des

Teilens in allen Bereichen in uns zu integrieren.

<u>Auch hier zählt jetzt wieder die Kommunikation als Mittel der Motivation!</u> Stellen wir uns einmal eine Betriebsversammlung vor, bei der es um die Existenz einer Firma geht, eine Krise bis zur Insolvenz droht, innere Machtkämpfe das Gefüge des ganzen Unternehmens gefährden und doch einige Mitarbeiter an Führungspositionen ihre Machtspiele spielen. Für einen Chef kann es hier nur eine Lösung geben. Ausmissten des Stalls von Machtmissbrauch und geistiger Korruption. Und zwar in allen Konsequenzen. Was soll ich bei einem

Mitarbeiter hinterher weinen, weil er lange da war und meine Unternehmensstruktur durch seine Machtspiele der Unersetzlichkeit ruinierte? Jeder Mensch ist auf seine Weise ersetzbar. —Ich würde mich im Falle einer solchen Sitzung ganz schnell von den Störenfrieden trennen- damit mein Unternehmen eine Zukunft des „Humanen Wirtschaftens" erfährt und die willigen Mitarbeiter eine Stabilität ihres Lebens erreichen können. Kein Stress in der Arbeit, stabile Löhne, stabile Familien, **zufriedene Mitarbeiter sind nicht fauler – sondern immer fleißiger und dankbarer!!!** *Hier greift dann auch wieder die Kommunikation unter den Menschen.*

Zu den Mitarbeitern gewannt, kann ich auf ihre Wünsche eingehen und Probleme die sich entwickeln frühzeitig stoppen.
Es muss dem Mitarbeiter so gut gefallen, dass er all seine Leistungsbereitschaft in die Firma tragen möchte und das Gefühl bekommt, Teil von etwas Großem zu sein.
Mehr kann man als Unternehmer nicht erreichen. Oder?
Doch bis zu so einem Ergebnis ist es noch ein langer Umdenkprozess. Schade dass es mit der Eliteausbildung in Deutschland nicht zu so einer Entwicklung kurzfristig kommen wird. 26 Milliarden kosten die Wirtschaft Ausfälle durch Alkohol.

Weitere Milliarden werden durch Krankheit, Psycho out, Stress zum Fenster hinausgeworfen, wo doch mit einfachen Worten und kleinen Taten vieles besser laufen könnte. Jetzt kommt zur Kommunikation die Analyse der Tatkräftigkeit dazu. Ich muss meine Erkenntnisse schnell umsetzen. Doch es wird gewartet bis der Anwalt kommt. Unfähigkeit zur Tatkraft lähmt die Wirtschaft, wo doch früher die Pläne für die Führungswege unserer „Eliten" schnell von der geistigen Hand gingen. Warum muss „der Sohn" – „die Tochter"- Dingen nachgehen, von denen sie besser als niemand sonst weiß, dass sie dafür nicht geschaffen sind! Führung oder Übernahme eines Unternehmens ist nicht jedermanns Geschmack vom Leben. Auch ein Studium an den besten Uni`s dieser Welt kann von der „empathischen" Unfähigkeit des Sprösslings nicht ablenken. Doch die blanke Gier der alten Wirtschaftsdynastien, auch hier in Deutschland zwingt die Familien neben den Steuernachlässen zu immer neuen Spekulationen mit dem Objekt „Sohn" oder „Tochter" als Nachfahre. Die armen Dinger leben dann ihr Leben lang einer Verantwortung hinterher, welche ihre Eltern zu ihren Zeiten nicht tragen wollten. Schon gar nicht für ihre Kinder in den Zeiten der Kindheit. Damit es das Kind später einmal einfacher hat. Wir – hier – heute – leben aber nicht mehr 1948 kurz nach einem verlorenen Krieg, dessen Anstifter sich aus dem Staub der Verantwortung entzogen haben. Die Geschichte ist immer gleich.

2016 zeigt uns heute sehr deutlich, dass die Welt zusammenstehen muss. Unsere Menschheit ist an einem Wendepunkt angekommen. Nicht Aliens bedrohen unseren Planeten, sondern die Dummheit der Menschen ist die Schaufel an unserem eigenen Grab. In 2000 Jahren werden sie unsere Schriften und Knochen ausgraben und sagen: „Was waren denn da für

Rindviecher an der Spitze unserer Vorfahren, dass die Erde so verkommen konnte!" Vielen Dank – an die Egoisten unserer Vorfahren mit Kurzsichtigkeit und übertriebenem **EGO – TRIPP:**

Lesen werden sie all das, was wir heute sehen und nicht verstehen. Kopf schütteln und sich fragen, ob etwas Hirn auch mit im Spiel war? Doch, es gibt immer wieder Hoffnung, so wie dieses Buch, welches als Wecker der Menschheit in Politik und Wirtschaft - weltweit - geschrieben wurde. Wir können uns ändern.

Verändern wir unsere Welt mit einem „Guten Wort" an den nächsten Menschen, welchem wir begegnen. Ein Lachen am Tag zu verschenken, ist der Anfang eines friedvollen Miteinanders in dieser Welt. Rohstoffe wie Edelhölzer brauchen keine Millionäre für ihre Luxus-Autos. Wir brauchen die Bäume zum Atmen auf dieser Welt. Jeder einzelne Riesenbaum in Brasilien ist ein Sauerstoffspender für die Welt. Es ist nur eine Kugel die schnell fliegt und sich schnell dreht. **KAUFT EUCH EINEN GLOBUS!** Dödel dieser Welt, damit ihr die Welt wieder als „Ganzes – Rundes" Glück begreift.

Statt einer Multi-Mathematik wird es Zeit wieder an den Schulen die Natur zu lehren, von der wir alles lernen können. Der

Gedanke des „Homo erectus" treibt uns alle voran. Erweisen wir uns endlich würdig, ihm als Vorreiter der Menschheit zu folgen. Bis jetzt kann ich keinen Ansatz dazu erkennen. Das letzte Hemd hat keine Taschen wo wir unsren „vermeintlichen" Reichtum einmal mitnehmen könnten.

So will ich einmal hoffen, dass es in einer nahen Zukunft, Möglichkeiten des Wandels in den Menschen geben wird. Positive Entwicklungen an einzelnen Menschen kann man heute schon erkennen. Doch namentlich erwähnen kann ich sie hier aus rechtlichen Gründen nicht. Sie sind leuchtende Beispiele einer neuen

Gesellschaft des Mit-ein-anders unter den Menschen. Kommunikation ist gar nicht so schwer. „Mann" muss nur lernen zu zuhören.

Ob in einem Betrieb – in der Ehe – in einer gemeinsamen Gruppe von Menschen. Wir können beim geboren sein noch nicht kommunizieren. Lernen dürfen wir die Worte zu formulieren, auszusprechen und in ihrer Bedeutung zu erfassen. Je früher wir uns also den Kindern in Form von guter Sprache und Ausdruck zuwenden, um so leichter werden sich unsere Kinder und Enkel in den Jahren der Schule, des Studiums, dem Beruf und im allgemeinen Leben leichter tun. Es gibt schon

Dokumentationen von Internaten in Deutschland oder auch England, wo Ausdruck, Benehmen und eine charakterliche Haltung Pflicht eines Lernens ist. Diese Kinder werden zwar im Grunde ihrer Kindheit beraubt, aber dafür gibt man ihnen Werte mit, die als Name schon Programm für ihr zukünftiges Leben sind. Ob nun Stafford, Oxford, Yale – all diese Eliteschmieden ziehen sich den wirtschaftlichen Nachwuchs heran, wie sie ihn in den Führungsetagen gerne sehen wollen. Da haben wir Deutschen mit unserer einfältigen, verdummenden Lernkultur nichts entgegen zu setzen.

Doch die Qualität einzelner Akademiker, Schauspieler, Politiker oder sonstiger Persönlichkeiten gibt den Schulen recht.

In den Bildungsgängen für heutige Manager und Betriebswirte gibt es sogar Angebote der Kommunikations-Wissenschaft, sich intensiver mit Unternehmenskommunikation zu beschäftigen. Als Mensch sich mit einem Menschen gegenüber zu unterhalten und zu geben kann doch nicht so schwer sein.

Weckruf an die deutsche Wirtschaft!
Nun soll die Trompete des neuen Liedes wieder erschallen. **Wacht endlich auf!**

Wie kann ein Schriftsteller wissen, was gut für unsere Wirtschaft ist? Auf den Universitäten kann man Gleichungen und Formeln auswendig lernen und am Zeitpunkt des Abfragens schön blöd wiedergeben. Habe ich dadurch eine Lebenserfahrung gemacht? **NEIN!**
Saß ich auf den Bänken einer Universität meinen Hintern blank und breit? **NEIN !**

Versuchen wir der Jugend eine künstliche Verdummung zu versparen.

Aber ich musste durch Lebenserfahrungen gehen, welche mir die tieferen Einblicke auf verschiedene Bereiche der Wirtschaft und der menschlichen Ebenen ermöglichten. So wurde ich geschult, die Dinge aus einem anderen Blickwinkel zu betrachten. Nennen wir sie eine Perspektive des mentalen, himmlischen Adler - Daseins.

Erfahrungen gerade in der Wirtschaft in unmittelbarem Zusammenhang mit dem Versagen von einzelnen Menschen prägten meine Denkweise und heute – 2016 – prägen sie auch mein Handeln. Im Wort oder auch in der Tat. Im Denken und Schreiben meiner Bücher. Aus dem Stand fallen mir sehr viele Möglichkeiten ein, in Unternehmen eine neue Motivation des

Handelns zu etablieren. Doch niemand würde diese Möglichkeiten heute haben wollen, damit alles schön beim Alten bleibt.

Thema: Kommunikation der Löhne und Gehälter in einem Unternehmen

Aus meiner eigenen wirtschaftlich-kaufmännischen Erfahrung heraus, habe ich gelernt, dass es wichtig ist, trotz des Stillschweigens über Personalangelegenheit die Verteilung eines Lohngefüges in einer neuen Art und Weise sichtbar oder transparent zu machen, die eine Selbsteinschätzung eines Menschen – ohne Mühe ermöglicht.

Wenn ich also die Anforderungen an bestimmte Einkommen mit meinen Möglichkeiten und Fertigkeiten abschätzen kann, werde ich auch dem Anderen mit den nötigen Anforderungen das Gehalt nicht mehr neiden.

<u>8,84 € sind bald der Mindestlohn. Wie soll man bei 168 Arbeitsstunden = 1.485,12 € Brutto leben? Ziehen wir von dieser Summe noch 35% Abzüge ab, bleiben 965,328 € übrig.</u>

Kann einer dieser so genannten Führungskräfte von einer Summe im Monat leben, die einem Sozialhilfe-Satz entspricht? Und dies bei 40 Wochen

Stunden Arbeit? Die Politiker – welche solche Sätze beschließen, haben aber bei ihren 9000 € Bezügen als Abgeordneter keine Abzüge und können ihre Rente nicht einmal selber finanzieren?

1948 im Grundgesetz nach dem Krieg vereinbart, sind diese Bezüge der Abgeordneten zu einem Rann auf die Kasse geworden, welche wir mit unseren Steuern brav füllen. Natürlich muss ein Unternehmen mit seinen Gehältern und Löhnen haushalten. Doch glaube ich fest daran, dass es eine Motivation durch Kommunikation geben kann, die das

Lohngefüge in einem Unternehmen rechtfertigt und erklärbar macht.

Sicher möchte der Arbeiter mit 10er Klasse und 3 Jahren Lehre nicht weniger verdienen als ein Schul-ab-brecher oder ein Student der sein Studium hingeschmissen hat. In Deutschland wird aber ein Studienhinschmeisser genauso behandelt auf dem Arbeitsmarkt, wie ein fertiger Student. Habe ich aber meine Lehre weggeworfen, zähle ich als Ungelernter. Was ist denn das für eine Welt der Gerechtigkeit?

Ich bitte daher auch die Personal- und Führungskräfte in der Zukunft, mehr auf

den Menschen zu achten bei der Bewertung, als nur auf Papiere oder Zeugnisse, die einen bestimmten Werdegang vorgeben sollen.
Überprüfen kann man es aus Zeitgründen sowieso nicht. Also müssen wir ein System der Gerechtigkeit neu erfinden.

11,00 € / Stunde für einen Ungelernten.
12,50 € / Stunde für einen Menschen mit abgeschlossener Ausbildung.
14,50 € / Stunde für einen Menschen mit einer doppelten Berufsausbildung, da er ja sehr viel Zeit für die 5 Jahre investiert hat.
16,00 € und plus - für die Menschen mit einem Studium, welches ihrem

akademischen Weg (2.688 €) entspricht. So kann es gehen!

29.06.2016 BREXIT in United Kingdom

BREXIT – **Britannien Exit** – tritt aus EU aus, mit den finanziellen Folgen, welche einem verblendeten Volk im Moment noch nicht klar ist. Haben denn die Briten gedacht, sie treten aus der EU aus, ihr geliebtes Pfund behält seinen Wert, alles bleibt beim Alten – nur die Bedingungen können dreimal besser sein, als 1945 wie bei einer Siegermacht? Brüssel ist nicht der Dieb. Nein es sind die eigenen, machtbesessenen Briten selbst, welche ihrem Volk die Rechte klauen. Nicht Brüssel.

Doch es werden die Augen der Erkenntnis aufgehen und über sie hereinbrechen, wenn die ersten Firmen ihre lieben Engländer auf die Straße schicken müssen, da die Verbindungen zu anderen Firmen oder Ländern so nicht mehr haltbar sind. Der weltweite Handel könnte für das England sehr schwierig werden. Kommt jetzt noch Taktik dazu, verzocken sich die Briten endgültig.

52 % wollten ein eigenes – bestimmtes Leben ohne EU oder Brüssel. Dann bitte

schnell austreten, schnell die Trennung herbei führen, schnell Britannien zeigen, was England ohne eine „Europäische Gemeinschaft" wert ist. Noch sind sie blind. Aber es gibt ja online Brillenanbieter. Viel Spaß auf der Insel der „Verdammten".

Kommunikation kann ein so schönes Thema sein: Bedienen wir uns wieder seiner Wertigkeit. Worte haben Macht und machen Sinn, wenn wir sie nur wieder richtig einsetzen. Unsere Bundeskanzlerin macht das sehr gut vor. Sie arbeitet mit den Worten der Erkenntnis und der Einsicht, dass ein „Zusammen" – besser ist – als ein jeder für sich allein. Logisch. Viele Spieler in einem Team können den Ausfall eines Spielers immer besser verkraften, als wenn der einzelne Spieler sich verletzt oder nimmer kann. Auch eine logische Erkenntnis, welche wir aus der Welt des Sportes mitnehmen können.

Heutige Studiengänge werden schon so angeboten, dass in ihnen die Kommunikationslehre eine wichtige Rolle spielt. Bis jedoch diese Menschen in ihrem jungen Alter an die oberen Positionen kommen, wo es wichtig wäre diese Lehren umzusetzen. Sind sie oft schon so alt wie ihre Vorgänger. Hinfällig ist dann alles Mühen der neuen Sprachentwicklungen.

Bücher lehren uns nicht den richtigen Umgang mit den Menschen. Nur die eigene Erfahrung macht uns zu Meistern der Sprache und der Kommunikation.
Wir haben alle Chancen, neue Wege zu gehen. „Nutzen" und „Wollen" müssen wir es aber immer selbst.

Thema: Kommunikation im Büro
Höflichkeit oder Anstand

Heute ist es ein Gebot der Stunde, dem Anstand in den Unternehmen eine Rubrik zu widmen. 2012 war ich einmal mit meiner Frau in einem Knigge – Seminar.

Nun sollte es einer weit verbreiteten Meinung nach nicht unmöglich sein, sich wie ein Gentlemen zu benehmen, wenn man einem Job nachgeht, der ein Benehmen und Manieren gerade im kaufmännischen Bereich voraus setzt. Doch wie erschrocken war ich innerlich, gerade bei den Personen große Defizite zu bemerken, die sich als die tollen Hechte in den Stunden des Knigge – Seminares aufführten. Es sollte doch heute zu den Gewohnheiten auch in einem großen Unternehmen gehören, dass wenn ich an eine Türe anklopfe - ich erst einmal warte – ob es ein „Herein" gibt oder nicht. Das Gebot des Anstandes sollte meine Sinne regieren und mich leiten. In den

Kinderstuben der heutigen Generation 30 plus scheint es immer noch nach zu wirken. Das Anti-Autoritäts-Syndrom der frühen 80er Jahre. Nur dem kleinen Kind nicht deutlich zeigen, wo seine Grenzen sind. Das Kind kann sich auch entfalten, wenn es weiß – bis hierher und nicht weiter – da sonst die Geduldsgrenzen meiner Eltern überschritten sind. Fängt also die Erziehung der Kinder schon mit dem ersten Lebensjahr an, wird es nicht mehr so schwer sein, dem Kleinen eine Perspektive des Benehmens beizubringen. In den Tagen der Krippe, Kindergarten oder der Schule werden sich diese Maßnahmen in einer wunderbaren Weise bemerkbar machen.

Erhöhte Aufmerksamkeit, Lernaffinität, Bereitschaft mich dem Lernen hinzugeben kann von freudigen Begleiterscheinungen geprägt sein, da ich mich um den Anstand nicht mehr kümmern muss. Den Lehrern wird auffallen, ob es sich um ein Kind aus gutem Elternhause handelt oder ob es ein Wildfang ist der sich nur schwer an die Regeln des Lebens halten kann. Sicher werden die Freiheitsvertreter mir widersprechen wollen, dass es doch um den freien Kinderwillen geht. Doch beweist die heutige Zeit des Zusammenrückens „Dieser Welt" gerade auch mit dem Austritt England`s aus der EU, die alten Sitten des guten Anstandes verabschieden sich gerade von der Mutter EUROPA: Sie waren es doch, die den Kindern mit Internaten ein Erziehungskonzept der Strenge vorgeben wollten. Doch jetzt zeigt sich, es muss ein neues Maß an Kindesliebe

Einzug halten, mit dem Wunsch das Kind in den wenigen Jahren, wo wir es bis zur Pubertät haben, sanft zu führen und zu begleiten. Es ist schwierig – nicht in einem gewissen Maß in Richtung 50 kein Spießer zu werden. Ob nun mit Kindern oder ohne Kinder fangen einen dann Menschen zu belasten, welche sich nicht einer – gewissen Ordnungsliebe – so will ich es nennen – unterziehen möchten. Doch diese Lieb zur Ordnung hat Deutschland zu – **DEM** –

gemacht, was es heute ist. Ein starkes Land im Herzen Europas.
Unternehmen können sich diesem Netz nicht mehr entziehen und gerade US-Banken oder britische Banken, in dem Anlage - Bereich haben in ihren Konzepten eine starke Bindung an das Prinzip Disziplin oder Ordnung mit einer starken Sprachgebundenheit. Englisch als Konzernsprache, Arbeitsplatzrotation wie in Japan oder Gewohnheiten aus dem asiatischen Bereich drücken diese Vernetzung mit dem Rest der Welt aus. Auch das aufstrebende Indien in seiner Eigenheit, kann eine Vernetzung mit England als Kolonialmacht nicht so richtig

verbergen. Da auch englische Firmen ihre Wertpapiere in den aufstrebenden Markt der High-Tech-Industrie immer weiter ausbauen wollen. Viel Spaß den Engländern ohne ihren asiatischen Markt bei der Entwicklung neuer Konzepte der Anlage. Der „Asiatische Anlage Markt" war, ist und bleibt sicher eine aufsteigende Investitionsvariante. Die Papiere wachsen nicht so schnell wie „Europäische Konzernaktien". Aber dafür geht es stetig bergauf. „Wölfe" gelten als hinterlistig und gemein in unserem Sprachgebrauch.
Die „Grauen Wölfe" der Nazi-U-Boot-Flotte galten als verschlagen. Doch dies ist

alles „Nichts", gegen die Verschlagenheit des Menschen in der heutigen Zeit.

Verschlagenheit ist auch ein gutes Stichwort für unsere sogenannte Behörde der Sinnlosigkeit – das Arbeitsamt!

In der Lage einem Menschen einen Job oder mehrere Firmen anzubieten, sind sie nicht. Aber für jeden Akt des **eigenständigen** Handelns, muss ich zuerst einen Antrag stellen. Dann muss es genehmigt werden. So kann es sein, dass ich keinen Bewerber-Zuschuss für die Bewerbungen bekomme. Oder kein Geld für Fotos – wenn ich dies alles nicht vorher beantragt habe. Würden unsere Rüstungsfirmen so ihre Waffen bauen, brauchen wir keinen Abrüstungsvertrag auf dieser Welt, weil die Rüstung einschlafen würde. Eigeninitiative ist das Zauberwort des Handelns. Davon sind die bürokratischen Beamten der ARGE weit davon entfernt. Natürlich – wenn ich den Brei der Vorschriften nur gut vorgekaut bekomme, erspart mir dies das selber Denken und eigenständiges Kauen. Und somit Ärger. Ich habe einmal 9 Jahre lang versucht, mit weit über 4000 Bewerbungen – ohne Arge – mit 37 bis 45 Jahren - eine neue Zukunft aufzubauen.

Vergebens – die Firmen in ihren alten Strukturen sind zu verfestigt, um sich einem neuen Denken des „Mensch sein in der Firma" hinzugeben. Taugt der Mensch nichts, weil er kein Studium hat? Oder kein Abitur? Bekommen denn die gleichen Menschen auf den Uni`s etwa zusätzlich erst ein Gehirn eingebaut? Oder ist es die Angst, sich in einem Umfeld zu bewegen, welches dem gedachten „Anspruch" der Hochnäsigkeit nicht entspricht! Ja – natürlich sind die Lebensansprüche der „Reichen" – schlicht anders, als bei den „Kleinen" Leuten. Doch würden sicher auch die „Kleinen" Leute keinen großen Unterschied ausmachen, wenn sie sich das

Golfspielen leisten könnten oder das große Kino. Alles hängt doch von einem hohen Einkommen ab. Aber da wird schon in den Grundschulen eine schöne Sortierung vorgenommen. All dies dient einzig und allein einem Schichten bilden in unserer Gesellschaft. Unten soll schön unten bleiben, damit sich die „Schönen – Reichen" nicht in ihrer vernebelten Selbstunsicherheit gestört fühlen müssen.

Dann rennen sie in die Betty Ford Kliniken, damit ihr „ICH EGO" wieder auf dem Teppich landet.

Doch nicht die Besenkammer ist das Ziel, sondern der Boden der Wahrheit und einer selbsterkennenden Realität. „Ja" ich bin *auch nicht anders, als der Mensch da drüben, welcher unter der Brücke sitzt. Kommunikation der Regeln ist immer wieder notwendig. Offen für das „NEUE" ist immer eine Herausforderung für uns selbst. Wie soll in einem Zeitraum von wenigen Jahren oder der „Heute" gerade statt findenden „Flucht" mit moderner Völkerwanderung Einhalt geboten werden?*

Es ist Zeit, den Menschen um das Europa herum zu sagen, dass „der nahe Osten" oder die „Arabische Welt" nicht allein da stehen. Wirtschaft kann sich auch entwickeln, in dem man Geld in die Hand nimmt und in den Ländern des Nahen Ostens eine

Wirtschaft installiert, welche den Menschen vor Ort eine Perspektive bietet. Sie wollen sich ihr Land nicht zerstören lassen. Doch die Macht der friedlichen Worte verhallen in den Ohren der „fanatischen Glaubensbrüder". Sie glauben einen „einzigen" Mohammed zu vertreten. Doch er kam erst 634 Jahre nach Jesus Christus auf diese Erde. Da kann eine Verwechslung schon stattfinden.

Die Welt liest von links nach rechts. Auf einem Zeitstrahl kommt also vor 2000 Jahren Jesus Christus zuerst, dann Mohammed. In ihrer Lese-Art steht dann Mohammed zuerst und danach kommt

Jesus Christus. Verkehrte Welt! (Rechts nach links)

Ich mache mir keine Sorgen über diese Welt. Da ich fest daran glaube, bald ist der Zeitpunkt erreicht, da es einem „höheren" Wesen gefällt wieder eine „neue Liebe" unter den Menschen zu entfachen.

Liebe in der Kommunikation ist toll. Erst einmal nachdenken, dann reden, danach handeln zum Besten des Menschen gegenüber. Was für eine Welt könnte da wohl entstehen? Eine Welt des Friedens und des Wohlstandes. Der Turm und die Legende von Babylon drohen sehr

gefährlich nahe zu unserer Menschheit sich zu neigen und zu kippen. So ist die Gefahr groß, dass die Menschen ohne Kommunikation von ihrer eigenen Arroganz erschlagen werden.
Aasgeier gibt es immer und überall.
Merken Sie schon den Zeitraffer – Sprung? Menschen, Adler, Geier und Aasfresser treffen sich wieder zum großen Stell – Dich – Ein! Auf den Party – Meilen der Republik wird deutlich geschrieben, was uns Deutsche eigentlich stark macht. Es ist der Zusammenhalt unter allen Menschen. Egal ob schwarz, weiß, gelb oder braun. Wir haben nur diese eine Erde – unseren schönen, blauen, runden Ball. Fangen wir

an, mit ihm zu spielen, als wäre er ein rohes Ei. Genau das ist er nämlich. Verletzlich! In so einer Art der Verletzlichkeit liegt auch die größte Bedrohung unserer Welt. Helfen sie Alle jetzt, das Ruder der Bedrohung umzudrehen. Gemeinsam schaffen wir das Ganze im Sinne Aller. Jeden Tag sollten wir uns bewusst werden, dass wir auf einem Edelstein leben dürfen.

In seinem Inneren sind zwar auch Edelsteine verborgen, aber die Erde selbst ist ein Rohdiamant. Immer und immer wieder dürfen wir uns mit dem Schaffer dieser Welt verbinden, um ihm zu danken für seine Gnade. Nun wollen wir nicht vergessen, dass nach der Glaubenslehre falsche Kommunikation über einen Apfel uns das Paradies gekostet hat. Doch ich glaube nicht an diese Theorie.

Besser war es für uns, durch die Arbeit selbst den Reichtum dieser Welt zu ernten. Unser Geist ist zu klein, das Wesen der göttlichen Welt zu erkennen. Doch manchmal öffnet sich uns der Himmel, mit der Möglichkeit ein Stück der Weite des Universums zu erhaschen. Hubble Teleskope schauen heute schon in Fernen, dass bei bloßer Vorstellung uns schwindelig wird. Dinge nennen wir X-Faktor und unerklärlich. Ist nicht schon die Zeugung, die Geburt, das Leben eines Kindes ein X-Faktor?

Kommunikation ist der Schwerpunkt, um in einer sehr schnellen Arbeitswelt nicht die Übersicht zu verlieren. Wieder und wieder höre ich von Menschen deren Leben durch die Arbeit und Nichtkommunikation in die Brüche gegangen ist.

„Muttersprache" hat eine Sängerin ihr neues Album genannt. Die Mutter bringt uns die Sprache bei, deren Worte uns unser ganzes Leben lang begleiten soll. Um weltweit agieren zu können, lernen wir sogar die „Muttersprachen" anderer Länder und Kontinente. Also ist doch unser

Bestreben eine weltweite, einige Kommunikation.

Wieso ist es dann so schwierig über die Ozeane dieser Welt hinweg zu denken und zu fühlen. Mitgefühl - nennen wir es. Meine werten Herren in den Etagen des oberen Managements. Nun will ich mich ganz konkret an „Sie" wenden. Sie wollen keine Geier oder Aasfresser werden und sein. Gerade dieser Spagat macht die Situation so kompliziert. Mensch sein im Herzen schließt die Lücke zwischen Führung und Erfolg in einem Unternehmen.

Diese Devise zu verbreiten ist die Aufgabe dieses Buches, sowie die Lehre, welche sich hinter einer Weiterbildung verbirgt. Natürlich fragen sie sich, wie sich dieses Umsetzen lässt in einem Betrieb oder großen Unternehmen. Es beruht auf dem Prinzip des Leitersystems. Von Sprosse zu Sprosse in ihren Reihen, muss das neue Gefühl gelebt werden. Ermutigung in den Anfangsschwierigkeiten und Konsequenz bei einem Fehlverhalten der neuen Kommunikation. - Gerne berate ich sie in den neuen Möglichkeiten - . Einfach wird es nicht und schnell geht es auch nicht. Doch der Nutzen liegt in einem Geheimnis welches in uns drin fest verschlossen ist.

Die Ur-eigene Art unseres Mensch-Sein. Alle Herzen tragen sie in sich und warten nur darauf, sie endlich heraus zu lassen. Der Wille des Menschen sich zu beweisen, kann auch darin geschehen, dass der einzelne Mensch sich nicht in den Vordergrund schiebt, sondern dem Wohle einer Gruppe verpflichtend, in den Hintergrund tritt. Siehe ein CR aus Portugal, dessen einziges Wesen darin bestand, dem Sieg der Mannschaft zu dienen. Mit was für einem „Erfolg" wurde er belohnt. Eine so gewaltige Fußball – EM kann und wird immer Signale für unsere Erde aussenden. Dies liegt schon an der Medienpräsenz dieser Ereignisse.

Wieder komme ich zu dem Thema Kommunikation nicht unter den Menschen, sondern von der Natur zu uns!

Wenn ich verlernt habe, die Stimmen der Natur zu hören, dann brauche ich mich auch nicht wundern, dass mich Hilferufe der Menschen nicht erreichen. „Sehe ich die Gänseblume noch?" Ist die starke Aufforderung an manche Manager ihre Arroganz in die Tasche ihrer Jacke zu verbannen, sich 5 Minuten Zeit zu nehmen und das Gänseblümchen auf dem Rasen ihres Firmengebäudes zu suchen und zu erkennen. Alle Bergsteiger sagen einen selben Satz beim erklimmen ihres Gipfels.

Wie klein und unbedeutend wir doch alle sind. Im Schatten der Berge und ihrer Größe. In unseren schwierigen Zeiten, wo sich jahrzehntelange Freundschaft und Wirtschaft auseinander bewegen, sorge ich mich um den Zusammenhalt der „ALTEN DAME EUROPA" immer mehr. Amerika schafft es immer wieder uns durch spektakuläre Filme in die „alte" Welt des kalten Krieges zurück zu versetzen. Sie wollen der Retter der Menschheit sein, doch sind sie der Zerstörer der „Menschlichkeit". Immer noch haben diese einstigen Auswanderer Europas nicht begriffen, dass sie zwar „weiß" sind – doch die Wurzeln stammen bei uns allen aus Afrika. Wir alle sind sozusagen mit einem „negriden" Gen erfüllt, was die Welt zu Einem macht. EINE – WELT auf einem, runden, blauen Ball. Kein Politiker wird diese Erde je beschützen können. Nicht eine Katastrophe aus dem All oder unter der Erdoberfläche ist von den „starken" Männern der Politik im Ansatz beherrschbar. Nur das Glück und die Freude der Naturgeister ist dafür ein Grund sich an der Welt zu erfreuen. Solange die friedlich sind, haben wir eine Chance. Manchmal braucht es auch eine zweite Chance, um die Möglichkeiten neu auszuloten.

Lassen wir nun alle diese Worte in unserem Herzen kurz wirken. Geben Sie als

„führende Unternehmerkräfte" all den Menschen in ihrem Umfeld die Hand. Es tut nicht weh, sich wieder auf das Niveau der Schule herunter zu begeben. Somit ist das Herz offen für eine breite Masse an Vorschlägen. Wie kann ein Vorschlag besser in eine Firma kommen, als durch „die", welche jeden Tag die Arbeit machen? Sie kennen ihr Können und ihr Leistungsvermögen. Doch wenn ich als Vorgesetzter all diese Ratschläge ignoriere, dann brauche ich mich auch nicht des Unwillens meiner Mitarbeiter zu wundern. Bleibt ja alles beim Alten!
Das ist der Tod eines Unternehmergeistes.

Jetzt kommen wir zum Leben des Unternehmergeistes. Die folgende Jugend.

Jugend die sich jetzt im Studium auf die Generationsübernahme der Leitung von Unternehmen vorbereitet. Unsere neue Zukunft hängt von diesen, jungen Menschen ab. An den Universitäten soll der neue Geist bei der Gesprächsführung und Verwaltung schon jetzt unbedingt gelehrt werden. Neue Achtung und Respekt muss wieder ein Name für Qualität sein. Es kann nicht so weiter gehen, dass 40 jährige plus vor einen Chef treten müssen, der außer einer Schul- oder Hochschulbank in seinem Leben das harte Brot der Arbeit noch nicht gekostet hat und von oben sozusagen mit dem Angestellten spricht. Eine bald alte Kommunikationsstruktur, findet im neuen Zeitgeist ihren Meister.

Ich spreche jetzt ganz konkret die jungen Führungskräfte an, welche ihren Dienst schon in den Unternehmen versehen. Erinnern Sie sich bewusst, an die Zeit der Lehr- und Studienjahre. Führung kommt von „an die Hand" nehmen und führen sie die „junge Braut" der neuen Mitarbeiterkommunikation in ihr Leben ein. Ja – es gibt sie schon massenhaft. Neue Führer in neuen Unternehmen, welche mit ihren Leuten umgehen, als wenn es ihre Brüder wären. Das ist lobenswert.

Um bei den Anforderungen des Managements nicht eine Übertreibung walten zu lassen, bleibt aber eine Abstufung von „Sie" und „Du" eine wichtige Präambel. Der Kumpel als Chef ist eine tolle Sache. Schon in den Zeitschriften der „ARGE" wird auf kumpelhafte Folgen bei Betriebsfeiern oder auf dem „Oktoberfest" gewarnt. Der Sprung vom ICH zum DU und der Kündigung ist ein Kleiner. Doch oft sind diese Situationen durch unklare Regeln und Anweisungen selbst aufgeweicht worden.

Viele Situationen auf dem Arbeitsgericht sind einer unklaren Kommunikation geschuldet. Vertrauen und Integrität lassen immer in einem Ich und Du Verhältnis keine klaren Ansagen zu. Dies führt zu Prozessen und zu Verunsicherungen. Grenzen sind dazu da, um sie einzuhalten und nicht um sie zu verbiegen. Dieses gilt besonders im Geschäftsleben. Der unsichtbare Code vieler Firmen, was ihr Benehmen, Dress-Code, Umgangsformen betrifft, gilt vielleicht in manchen Köpfen als veraltet. Aber der Erfolg über Generationen gibt den Befürwortern recht. Das allein zählt. Dann habe ich mich als Bewerber daran zu halten und muss mich orientieren.

<u>Gutes Stichwort Bewerber:</u>
<u>Für Bewerber soll dieses Buch auch einige wichtige Tipps beinhalten:</u>
Pünktlichkeit ist im Managementbereich ein fundamentales Pflichtgefühl.
Ehrlichkeit und Integrität gegenüber der Firma sollten unabdingbare Dinge sein.
Das wichtigste aber sind Voraussetzungen für die jeweiligen Aufgaben, die ich an der Stelle der Arbeit mitbringen muss.
Wenn ihr Neuanfänger im Berufsleben Eure Aufgabe und Stelle gefunden habt, stürzt Euch nicht gleich blind in den Bewerberstress. Sondern
forscht während dem Sammeln der Daten zu Eurer Bewerbung, auch nach

Informationen über das Unternehmen. Im Bewerbergespräch ist es immer von Vorteil viel über das Unternehmen zu wissen, da dies von Interesse an der Firma und den Menschen im Unternehmen zeugt. Zweitens kann man an den Internetportalen auch erkennen, ob es sich um ein Unternehmen mit einem bestimmten Dress-Code, einer bestimmten Struktur oder mit einem bestimmten Sprachensystem handelt. Es gibt nicht wenige international – agierende Firmen welche sich an englische oder asiatische Bankenstandards angeglichen haben. Auch die DAX Unternehmen Amerika`s prägen oft Firmenkulturen in „Deutschen Firmen".

All diese Dinge sind im Bewerberportrait von entscheidenden Werten. Leider ist es immer noch so, dass es ein Blick auf die Mappe bringen muss, das Interesse der Personalabteilung oder der Werksabteilung in starkem Masse zu wecken. Hast Du 3 Seiten Lebenslauf, bist du bei manchen schon ein Springer und hast keine Ausdauer. Englische Firmen sagen wieder, jeder Mensch hat doch ein Leben. Schule, Lehre, Studium – alles prägt den zukünftigen Mitarbeiter. Ein breit aufgestellter Mitarbeiter kann auch eine sehr wichtige Rolle in schwierigen Momenten spielen. Die Vielfältigkeit des Lebens spielt in Krisensituationen eine wichtige Rolle, da dann in der Kommunikation die schlimmsten Fehler vermieden werden können. Zwei Konkurse habe ich erlebt, wie es die Menschen verändert, das Leben durcheinander wirbelt, Ängste schürt und in tiefe Täler menschlichen Daseins weitergehend führt. Bei der Holzmann – Insolvenz gab es Versprechen. Diese wurden zu einem Fiasko. Einer stand für den Neubeginn mit Todesfolge eines Unternehmens. Politiker können viel, aber kein Unternehmen retten. Dies tut der Markt auf brutale Weise - erschaffen und zerstören. Junge, zukünftige Generationen der Führungsetagen, nehmen Sie sich zusammen und lernen Sie wieder eine neue Kommunikation. Auch die Erfahrung eines neuen Knigge täte Vielen wieder gut. Benehmen ist nichts Altes – sondern Stil und Verantwortung kann eine Form des unternehmerischen Denkens sein, welche einen Charakter mit Führungsqualität hervor bringt. Berufen werden viele, aber wenige sind auserwählt. Der Maßanzug allein macht noch keine Führungsperson, sondern die Kraft der mentalen Stärke aus dem Inneren heraus, ist in der Lage eine Situation der Anspannung im Unternehmen – schnell und flexibel zu lösen. Auch Statussymbole wie ein Porsche Panamera bringen noch keinen Erfolg, wenn der Fahrer an der Kraft des Autos beinahe zerschellt. Sehen und gesehen werden ist nicht alles. Ein selbstloser Charakter ist der springende Punkt. Der Geist muss aus dem Inneren des Trägers heraus treten und agieren. Der Geist muss sich neu entfalten. Jetzt im Jahre 2016 und 2017 ist es Zeit einen neuen Geist zur Entfaltung der neuen Kommunikation in die Freiheit zu entlassen.

Sprechen wir wieder mehr miteinander als übereinander, dann können die Menschen zusammenrücken, um die großen Aufgaben der Menschheit gemeinsam zu bewältigen. Einer braucht nicht Milliarden während andere im Dreck verrecken. Sudan,

Somalia, Peru oder die Anden - Regionen usw. sind auch Regionen unserer Erde. Dort ist auch Menschheit. Vergesst dies nicht. Nicht ein Goldnugget macht alles aus. Sondern der Wille im Leben etwas zu schaffen und etwas zu hinterlassen, was andere Menschen voran bringt. Bremsende Menschen gibt es schon genug. Lasst sie uns in die Ecke der Vergangenheit stellen und ihnen die Mütze der Erkenntnis aufsetzen, so wie sie es mit uns allen am liebsten tun wollten. Doch niemals sollte der Gedanke der Vergeltung unser Handeln in Zukunft beeinflussen. Das offene Herz ist der einzige Weg, der uns weiterbringt - als der eigene EGOISMUS. Macht weiter auf den Straßen der Städte das neue Gefühl des Lebens zu etablieren. Freude, Jubel, Tränen, Emotionen sind der Antrieb unserer gemeinsamen Zukunft.

Studenten der kommenden Generationen in den Führungsrollen deutscher Unternehmen und Kleinunternehmer!!! Jetzt ist die Zeit gekommen, eine neue Kommunikation zu etablieren. Was verstehe ich unter einer neuen Unternehmer / Kommunikation?

„Es ist besser zu sagen: Herr Müller ich würde Sie bitten … dieses oder jenes zu tun…" - Als zu sagen: „Machen Sie das!"

Ich weiß, es ist schwer sich vorzustellen, dass es vielen Leuten schwer fällt über bestimmte Schatten hinweg zu springen. Jetzt habe ich den Posten der mir erlaubt, Anweisungen zu geben und nun soll ich keinen Gebrauch davon machen?

<u>Worum geht es „Dir" Führungsperson?</u>
Um Macht – um Einfluss – um Rache an verpassten Gelegenheiten der Kindheit? Oder – um ein wirtschaftlich, fluorierendes, namhaftes Firmengebilde, von dem alle mit wohlklingender Manier sprechen! Deine Entscheidung.

Es ist kein Fehler, wieder die Dinge wie Güte, Wohlwollen, Sanftmut und Weisheit aus der Kiste des Unternehmertum`s heraus zu holen.

Natürlich erscheint dir dies jetzt alles als Quatsch. Doch bedenke wohl, dass „DU" Unternehmer – groß oder klein – mit Menschen und nicht mit Maschinen zusammen arbeitest. Dein Vater und Deine Mutter haben in den voran gegangenen Generationen diese harte Art der Kultur in den Firmen schon genug erlebt. „Lehrjahre sind keine Herrenjahre" alter Spruch, dummes Geschwätz. Deutschland hat ein Problem mit den Nachfolgern vieler

Unternehmer oder Familienbetrieben. Sei es durch Steuer oder Vererbung oder durch das „NICHTWOLLEN" der Sprösslinge in das Unternehmen einzusteigen. Hast du dich auch einmal gefragt, wie es nach dir weitergeht? Auch du bist ersetzbar. Stell dir das mal vor! Nun ist es wichtig, den richtigen Ton zu treffen.

Jede Situation in einem Unternehmen kann als Stress enden. Doch wenn ich mir täglich eine Minute Zeit nehme, Situationen wie Mitarbeitergespräche oder Entlassungen oder Umstellungen im Betrieb vor meinem geistigen Auge einmal durch zuspielen, werde ich die Brisanz dieser Situation für die Menschen unter mir mit anderen Augen sehen. Daraus kann ich lernen, eine neue Art der Sprache zu wählen, welche die Menschen auch verstehen. Sicher habe ich Betriebswirtschaft durch das Vermögen meines Vaters in einer sehr guten Universität studieren können. Natürlich hatte ich nur „Einsen" im Abitur. Mir steht das also zu. Und doch kann unsere Politik und Wirtschaft nicht aus lauter Akademikern bestehen. Ohne die einfachen Arbeiter und Angestellten würde es manches Unternehmen und dessen Reichtum gar nicht geben. Auch mancher Familienbetrieb verdankt seinen Reichtum einfachen, bescheidenen Menschen und ihrer harten Arbeit. <u>Dies solltest „Du" nie vergessen.</u>

An die Aktionäre in diesem Land geht mein nächster Aufruf!!!
Glaubt ihr eigentlich wirklich, weil ihr ein paar Papiere gekauft habt, auf denen ein Wert steht, gehört euch die Welt und das Universum noch dazu? Aktien können natürlich für den Einzelnen ein Segen sein. Doch durch Spekulation kann ich ebenso ein Vermögen in Minuten verlieren, wie ich es gewinnen kann. Wer bietet die Sicherheit für mein Geld? Was nützen mir die Klunker am Arm, wenn ich beim Schwimmen damit jämmerlich ertrinke?

Der Pool im Haus ist toll. Doch der „Pool" an Erfahrungen kann mein Leben verändern und ich kann es positiv gestalten. Ich bin dann unabhängig.

Unabhängigkeit in Sprache und Kultur bietet viele Möglichkeiten. Heute quälen wir uns mit Fremdwörtern herum. „Brexit" – britischer Exit aus der Europäischen Union. Der mentale Geist sollte uns weiterhelfen unser Denken zu erweitern. 2000 Jahre prägender Geist nach Christus und bis heute schürt in uns die Flamme des Glaubens von der Freiheit.

Studium ist heute so eine Sache geworden.

Das Rennen auf die Plätze ist übergroß. Die Erfahrungen sind zum Teil neu, aber auch verbesserbar. Heute gibt es schon Studenten deren Freizeitentwicklungen im Auto-Renn-Sport gesehen und beachtet werden. So sind diese neuen Klugen schon gefragt, noch ehe sie fertig sind. Dies sind dann wieder die Ausnahmen mit den gewissen Fähigkeiten. Und wo bleiben die Menschen, denen es nicht vergönnt war, mit so einem Entwicklungsgeist ausgestattet zu sein? Auf der Straße?

Taugen denn die Menschen mit den Noten unter 2.0 nur noch zum - Straße kehren wie 1923 zur Weltwirtschaftskrise? Heute

nennen das Politiker Arbeitsbeschaffungsmaßnahmen! Eine Frechheit den Menschen gegenüber, welche wollen und nicht dürfen. Denn wer hindert die Menschen an der Arbeit?
Die Personalführung der Unternehmen. Und das ewige alte Denken von Gestern. Zu alt, zu träge, zu langsam… bla bla bla. Doch verbringen diese Menschen <u>ihre</u> Arbeitszeit mit bla.. bla.. bla… Da macht das dauernde, blöde Dummgeschwätze nichts mehr aus. Und fett verdienen tun sie auch noch. Was zählt bei einem Menschen wirklich?

Der Mut etwas zu bewirken, sein Fleiß die Arbeit schnell zu erledigen, das Beste in dem Sinne des Unternehmens und der Menschen um ihn herum zu erreichen!

*Doch in den Köpfen ist Leere.
Unsere Gesellschaft ist zu einem Computer Game verkommen. Niemand schreit STOPP. Niemand möchte wirklich etwas ändern. Schon unsere Kanzlerin setzt immer nur auf Reden. Handeln zeigt Stärke und in manchen Staatsangelegenheiten – nennen wir sie – Türkei – ist mit Worten die Zeit des Redens vorbei. Kräftiges Handeln hat Hussein bekämpft, Handeln*

hat Bin Laden besiegt, Handeln hat Frieden bewahrt. Doch sich in Schicksale -- aus anderen Ländern verordnet – zu begeben, ist Feigheit vor dem Feind!
Das Menschenrecht darf <u>n i e m a l s</u> von einem Egomanen gebrochen werden und die Welt schaut zu. So wurde ein zweiter (2.) Weltkrieg erst möglich. Schon vergessen? Sind die Geschichtsbücher der Menschheit mit Kleber verschlossen oder können die Menschen nicht mehr hinter die Fassaden der Menschen schauen? Dazu muss ich mich mit den Menschen auseinandersetzen. In meiner Nebenarbeit beschäftige ich mich mit Menschen, deren Weg aus normaler Sicht einen Abgrund durchschritten hat.

Eines wird einem da klar. Man gehört auch dazu und - lernt sich durch die anderen Menschen neu kennen, sowie selber neu einzuschätzen. Der Spiegel unserer Seele wird offenbar und ein Schatz für uns selbst.

Die Mächte unserer Gedanken beeinflussen unser ganzes Tun und Handeln. Bin ich am Morgen in Gedanken wütend und gereizt, wird sich dies auf mein Auftreten in der Öffentlichkeit auswirken. Ärgerlich drein schauend, kann ich <u>nicht</u> mit offenem Herzen unter den Menschen weilen und meine Arbeit erfüllen. Eine Mine die zu explodieren droht, wenn ich nicht im Vorhinein eine

Lösung finde, diesem Stress Modus ein Ende zu bereiten. Mein Trick ist es, vor dem „Schreiben" ein paar Minuten in einer Kirche mich der Gelassenheit hinzugeben. Innerer Frieden ermöglicht wieder klare Gedanken ohne Wut und damit sanfte Strukturen zum Weitergeben. Wut gibt es in der Welt schon genug. Und damit mache ich mich nicht zum Hassprediger anderer Gedankenkulturen. Eine Reise durch die Welt des mentalen Geistes von vor 2000 Jahren und bis heute lohnt sich immer. Stichwort: mein Buch „<u>DER WANDERER oder Maria Magdalena auf den Fersen</u>"

„Eine Reise durch die Welt des mentalen Geistes von vor 2000 Jahren und bis heute"
In diesen verrückten Zeiten ist eine ausgleichende ruhige Art wichtig als Pol, an dem sich die Menschen wieder ausrichten können und dürfen, dabei eine menschliche Wohltat. Nutzt sie.

<u>Thema: Kommunikation von „Mensch zu Tier" und von „Tier zu Mensch"</u>

Es ist eine bekannte Tatsache, dass es die sieben Sinne der Tiere geschafft haben, uns weit zu überflügeln. Kommunizieren wir heute mit den Tieren (zum Beispiel Pferden), so können wir spüren, dass sie uns im Inneren erfassen und begreifen. Sie fühlen unser ganzes „SEIN".

Angst haben sie mehr vor uns, als wir vor ihnen haben müssten. Der Wolf ist ein Tier, dessen Geschichte uns Angst bereitet. Doch jeder normal aufgewachsene Wolf rennt lieber vor uns davon, als sich mit uns einzulassen. Auf diese Weise sind die heimlichen Jäger in ihren Instinkten unserer Fähigkeit dem Instinkt zu folgen weit voraus.

Stichwort: mein Buch „**Silent" - The Nature is Back"**

Lassen wir uns darauf ein, Kommunikation ist auch mit Tieren möglich. Wellensittiche können einen

Menschen verstehen. Graupapageien sprechen sogar eigene Sätze und lernen unsere deutsche oder auch die englische Sprache. Ja, die Tiere sind uns näher als wir denken. Oder sind wir den Tieren näher, als wir selber annehmen? 95 % der Gene der Schimpansen und unsere Gene stimmen überein. Sind wir also nur bessere Schimpansen? Oder wäre es besser gewesen, wir hätten nie den aufrechten Gang uns angewöhnt? Unser Hirn hat sich weiter entwickelt. Doch in den letzten Tagen habe ich den Eindruck, dass es mit der Weiterentwicklung unseres Hirn's nicht allzu weit gediehen ist. Verwirrung in der Kommunikation unter Jugendlichen, unter

Lehrern und Schülern und oder von Mitarbeitern und Vorgesetzten in den Unternehmen, führen zu einem System der angenommenen Verlierer. Dies erzeugt Wut und Aggression. Viele Möglichkeiten der Kommunikation sind also in der Gesellschaft nötig, um zu einem Ausgleich in den Schichten der Bevölkerung beizutragen. Versuchen möchte ich, den Verantwortlichen aufzuzeigen, dass mit wenigen Worten unter den Menschen es möglich wäre, viele Dinge zu bewegen auch Lust und Laune zur Arbeit zu erwirken und damit eine automatische Steigerung der Produktivität zu erreichen.

Nichts ist leichter als eine deeskalierende Wirkung mit Worten zu etablieren.

Gerade habe ich von einem tollen Projekt gelesen, welches schon den Azubi`s zeigt, wie viel Verantwortung in einem Laden notwendig ist und gebraucht wird. Durch die richtige Verantwortung die schon früh an die jungen, zukünftigen Mitarbeiter und Kollegen weitergeleitet wird, entsteht ein neues Ausbildungs- und Verantwortungsbild. Jetzt können die Azubis schon früh erkennen, welche wichtige Rolle ihr Chef und Vorgesetzter in ihrem Berufsleben spielt. Es ist nicht immer alles Gold was glänzt in den Reihen der Chefs und

Vorgesetzten. Viel öfter ist es so, dass die Wahl einen Posten im oberen Management zu gehen, einer besonderen Qualität von Person und Reife entsprechen sollte.

In den Berufszentren kann den Jugendlichen zwar eine Richtung präsentiert werden, aber in den konkreten Fällen ist es doch oft so, dass die jungen Menschen sich nicht leicht orientieren können. Woran denn auch?

Da oft die Kinder nicht einmal wissen, was die Eltern denn von Beruf eigentlich machen!

Ich weiß, es leider nicht genau, doch hörte ich schon oft diese Aussage, was die machen kann ich mir für mich nicht vorstellen. Lehrer sehen Schüler jeden Tag, Student sein ist noch nachvollziehbar, aber in der aktiven Arbeitswelt einen Job zu erledigen, welcher Muskelkraft und Härte erfordert ist für viele nicht mehr so leicht vorstellbar. Oft sind auch die Verdienstmöglichkeiten - ein Hinderungsgrund eine bestimmte, berufliche Laufbahn zu gehen. Logisch wenn 1.400 Euro netto oft gängige Verdienste sind und man sich daraus eine Zukunft aufbauen soll. Wie kann das auch funktionieren?

Es braucht eine neue Zeit, die Arbeit in der heutigen Arbeitswelt neu zu kommunizieren, da nun halt nicht jeder mit dem 911er Porsche durch die Gegend fahren kann. Somit repräsentiert er zwar seinen Stil, aber nicht die Arbeit seiner Angestellten. Eine neue Wertigkeit der Arbeit ist auch ein neuer Weg zu neuen Ufern. Viele träumen von dem Job, der ihnen alles möglich macht. Doch die Realität ist eine Andere.

Kommunikation und Motivation gehen untrennbar nebeneinander einher. Dies ist eine Erkenntnis dieser Arbeit und den Erfahrungen aus 22 Jahren kaufmännischen Erlebens.

Schauen wir uns eine neue Art des Redens der Menschen untereinander an. Zeit wird es auch unser eigenes Sprechen mit den

Menschen auf eine neue Qualität der Sprache anzuheben. Die Zeiten von: „Deutsch für Anfänger!" „Was guckst Du?" sollten endlich vorbei sein.

Ist nun 2016 ein Jahr der Gewalt oder ein Jahr der neu aufzustellenden Weltordnung. In den aufrüttelnden Zeiten der Flüchtlinge in der Welt, den Kriegen im nahen und fernen Osten ist es notwendig Stellung zu beziehen. Dies gilt für verblendete Diktatoren der Türkei (oder ehemaligen DDR, oder Nordkorea, oder ehemals Irak) es ist immer wieder eine Aufgabe sich des Weltgeschehens neu anzunehmen. Auch in diesen Medientagen mit verrückt gewordenen, einzelnen Präsidenten ist die „Innere Haltung" zu den Menschen mit einem offenen Herzen wichtiger denn je. Wir möchten verstehen, was in den Köpfen dieser Attentäter oder (gewaltbereiter Menschen) vor sich geht. Wenn auf unsere Köpfe in den Tagen unserer Kindheit die Bomben fliegen würden, dies Tag und Nacht und Anschläge unser Leben prägen, glauben wir dann als friedliche Europäer eigentlich an die friedliche Koexistenz unter den Menschen? Verblendete Vorstellung! Kind und Eltern sollen schon in den Anfangstagen des Erdendaseins eine freundliche, liebevolle Art des Sprechens finden. Ja der kleine Mensch kommt nun einmal hilflos zur Welt. 10 Jahre lang versuchen wir den Kindern unter Schutz „Dies und Das" beizubringen, was sie unter ihren Lebensumständen brauchen könnten. Erschreckend ist die Tatsache, dass kaum da sie auf der Welt erschienen sind, haben wir sie eigentlich schon wieder verloren. Mit dem Erreichen der geschlechtlichen Reife von ca. 12 Jahren verändern sich die Mädchen und Buben zu fast unkakulierbaren Geschöpfen mit eigenem Willen. Umso leichter ist diese Zeit zu überstehen, wenn wir nur früh genug damit anfangen, unsren Kindern mit Freiräumen eine unbeschwerte Kinderzeit im Rahmen der normalen Regeln zu ermöglichen. Regeln erfordern aber auch ein „Befolgen und Durchsetzen". Diese Welt lebt von Naturregeln und Konsequenzen. Ein riesiger Baum im brasilianischen Urwald sorgt für Sauerstoff in Europa, Asien und Afrika.

Diese eine Erde ist rund und wir können von dem Ball der so friedlich aus dem All erscheint nicht einfach fliehen. Auch Bunker schützen uns nicht vor der Dummheit einzelner Menschen und ihren angestrebten Zielen der Macht und der Kontrolle.

Erleben wir nun eine Zeit der Gewalt?

Liegt es wieder an den Menschen oder liegt es an einer falschen Kommunikation einer Glaubenslehre. Der „Islam" ist einer der friedlichsten Lehren des Lebens der Menschen untereinander. Doch lassen wir zu, dass einzelne Individuen aus Streit der Religionen vor mehreren Hundert Jahren einen Hass auf diese Erde bringen, oder geben wir unser Bestes durch friedliche Kommunikation zu einer Versöhnung der Menschen unterschiedlichen Glaubens. Denn jede Religion ist für das Überleben der Menschen wichtig, da es einen Halt gibt für die Menschen denen der gesellschaftliche Halt verloren gegangen ist.

Die Sprache unserer Mutter bezeichnet das erste Wort was wir hören – Muttersprache. Da haben wir aber im Mutterleib schon eine ganze Menge davon gehört und es aufgenommen. Diesen friedlichen, warmen Ton der uns in unserem warmen Leib umgibt. Gebettet in Wasser erleben wir die Kraft des Wassers und der Wellen einer Leben spendenden Flüssigkeit.

Im Meer gibt es nie genug schöpferische Kraft des Wassers, doch wenn die Landmassen weggespült werden, um sie irgendwo wieder aufzutürmen und neuen Lebensraum zu erschaffen wächst Leben. Vulkane zeigen uns die riesigen Kräfte der

Natur und wie klein unser Denken tatsächlich ist.

Entweder auf dem Gipfel des hohen Berges oder im tiefsten Meer begreifen wir unsere wahre Größe. Unbedeutend sind wir und in 100 Jahren nach den Menschen wird es die Natur noch geben. Der Mensch ist ersetzbar durch Evolution. Evolution ist die Antriebsfeder allen Lebens und der Weiterentwicklung. „Jur. Park" ist nicht der Film, sondern der Sinn des wahren Seins unserer Erde.

Glauben wir an den Zufall, welchem wir unsere Existenz verdanken.

Selbst in unserem Kopf haben wir die Elemente unseres Urmeeres. Drogen braucht es da keine mehr. Dies spüren wir ja an den Hormonen, welche verwirrend unsren Geist betören oder beeinflussen.

<u>Aasfresser</u> sind nicht nur Umweltpolizisten. Nein Aasfresser sind auch Menschen denen wir oft gern vertrauen. Sie kommen oft in den oberen Wirtschaftskreisen vor und durch Betrug, Bestechung oder falsche Lebensläufe sichern sie sich Einkünfte und Karrieren, von denen wir ehrlichen Menschen nur träumen dürfen. Dabei nutzen sie unsere Gutgläubigkeit aus und versuchen uns zu

manipulieren. _Geier_ sind mehr unter den Politikern vertreten, da sie in ihrem Leben nach Macht und Ansehen streben, aber nicht in der Lage sind, ihre Altersvorsorge selbst zu bezahlen. Doch aus großer Höhe verfolgen sie das Weltgeschehen und greifen doch nicht ein! Man knickt sogar vor anderen Politikern ein und wehrt sich nicht für sein Land. Das nennt man Feigheit vor dem Feind der Demokratie. Selbst im Wetter gibt es Kommunikation. Sturm, Gewitter, Blitz und Hagel zeigen uns die große Energie, welche über die Erde tobt. Ungewissheit in den Tagen des Sturmes auch bei den Menschen mit großer Tötungsenergie. Es ist erforderlich den

Menschen wieder einen bodenständigen Blitzableiter zu schenken.
Licht und Liebe sind die Boten des Himmels, gegen die sich nicht einmal der härteste Krieger – wirklich zur Wehr – setzen kann. Die Erinnerung an die Mutterliebe soll unser Zeichen werden. Das offene Herz glühe mit seinem Licht und verbrenne die dunklen Gedanken unserer Seele in dieser schweren Zeit.

<u>Thema: Kommunikation von der Natur zum Menschen und zurück</u>

Es wird wieder Zeit sich dem Zuhören der Natur zu widmen. Die Natur mit ihren Gesetzen der Kommunikation ist wieder so weit, sich mit uns zu unterhalten. Können wir denn die Natur noch hören und verstehen? Was will sie uns sagen?

<u>„Hört auf, mich dauernd zu zerstören!"</u> Achtet in Eurem Tun mehr auf mich und meine Bedürfnisse. Sauberes Wasser und saubere Luft bedeuten für mich das Überleben und meiner Bewohner. Nun in Form von Flora oder von Fauna. Das Eine kann ohne das Andere nicht sein. Diesen Zusammenhang gibt es nun von Urzeit an. Und doch stellt er mich immer wieder auf die Probe. Ich als Natur will es einmal ohne Umschweife sagen: „Ich will das so nicht mehr!"

Zitat: „Der vergiftete Planet, dem Denken eine neue Chance geben!"

So ist es auch mit der Einstellung von Frau Merkel, welche den Zusammenhang unseres Überlebens erkannt hat. Mensch und Mitmensch fühlen in der Mitmenschlichkeit und mit dem Herz! Bumm & Bumm der Takt des Lebens. Hören wir in unserer Mittagspause unseres _Unmensch_ sein einmal wieder in uns und die Blumen und Pflanzen hinein. Das kleinste Blümchen kann uns unserer eigenen Größe wieder bewusst machen.
Na aber Du selber hast Dir doch Deine scheinbare Größe erwählt. Im Größenwahn

verschwinden die Realitäten. Doch Du bist dir selbst der Nächste. ICH – WIR – UNS. Da bleibt kein Platz für niemand. Schon hat dich der Teufel am Kragen und freut sich wieder auf einen ganz leckeren Happen am Ende deines Lebens. Umkehr ist immer möglich. Besinne dich immer wieder früh beim Aufstehen, deines eigenen Weges und ob es der Richtige ist.
Reden wir wieder mehr miteinander statt übereinander. So können wir unsere Herzen synchronisieren und damit für mehr Weltfrieden einstehen. In unserer Gesellschaft oder auch in der ganzen Welt.

Suche Gott in der Natur und du wirst dich auch in der Natur wiederfinden. Du bist Natur und solltest dich immer mit dem alten „Baum" und seiner Verwurzelung vergleichen. Willst du zu viel, bist du nicht verwurzelt und somit brechen die Stürme deinen Stamm und entwurzeln im übertragenen Sinne dein Leben. Bist du dann erst einmal sozusagen entwurzelt, wird es schwer sich wieder einen festen Stand mitten im Leben aufzubauen. Bäume wachsen nicht von „Heute" auf „Morgen". Es bedarf der Zeit, welche wir oft in der Entwurzelung nicht haben. Doch es wird uns Zeit geschenkt, in der Phase des Wurzelns besser mit den Problemen umzugehen. Somit können wir uns schneller voran entwickeln. Ein Kleinkind muss erst einmal in den Dreck fallen. Je öfter es in den Dreck fällt, umso schneller wird es das Laufen lernen. Je öfter es im Garten den Finger in den Mund steckt und Natur erlebt, umso widerstandsfähiger und gesünder steht das Kind im Leben da. Eine alte Bauernweisheit beweist immer wieder diese These. Schon die eigene Erfahrung des großen Gartens zeigte mir, dass die Natur mein bester Freund ist und bis heute bleibt. Im Wald kannst Du ganz bei dir sein und musst dich nicht verstellen. Unbestechlich ist dieser Freund mit Namen NATUR.

*Kommunizieren ist auch jubilieren!
Alle Vögel ziehen im Frühjahr und Herbst in ihre Sommer oder Winterquartiere. Jetzt ziehen sie anders. Eine Kommunikation an uns. Es hat sich was verändert.
Zugvögel bleiben inzwischen schon bei uns. In den Süden zu ziehen hat etwas Lebensgefährliches an sich, für unsere liebenswerten Zugvögel.
Warum? Weil ein paar bekloppte Italiener und Malteser, sowie Spanier meinen, die Piepmätze sind für sie zum töten und abknallen da. <u>Ich hätte da eine bessere Lösung!</u> In den Hintern der „Wildjäger" eine Portion Schrot. Bei jeder Kugel die ihnen entfernt wird, haben sie die*

Gelegenheit, darüber noch einmal nachzudenken. Schon der Gedanke allein mir hundert Schrotkugeln aus den Pobacken ziehen zu lassen, sollte die Männer mit ihrem alten Ego einmal zum Nachdenken antreiben. Stolz wäre ich an ihrer Stelle nicht. Schämen wäre angesagt! Es ist immer wieder das alte Lied. Die Männer vor hundert Jahren haben schon auf Vögel geschossen, es ihren eitlen Söhnen beigebracht und schon ist in der Kommunikation des Natur Bewahrens ist etwas kaputt gegangen. Sollten sie nichts zu tun haben, empfehle ich ihnen Ansitzhütten zu bauen und zu schauen, wie immer weniger Vögel unseren Planeten bevölkern und noch ziehen.

Dann sollten sie sich einmal fragen, warum das wohl so ist. Selber Schuld an der Übelkeit des Umstandes. Sogar in der Natur und dem Menschen spielt also eine geeignete Kommunikation eine wichtige Rolle, da es um unser aller Überleben geht. <u>„Menschheit besinn Dich, lass nicht zu, erst stirbt die Fauna, dann auch DU!"</u> Besser kann man das Schicksal unserer Erde nicht ausformulieren. Immer wieder habe ich mich gefragt, ist es richtig einen neuen Weg zu gehen? Ja – doch ich muss lernen, den neuen Weg nicht an zu große Hoffnungen und Erwartungen zu knüpfen.

Überraschungen können immer auftreten und sollten einen Menschen den sie ereilen, zu noch größerer Freude anstiften.
Aus dieser Freude heraus kann das Herz jubilieren. Das Gesicht strahlt zufrieden und der Mensch gegenüber spürt diese neue Freude und nimmt sie auf. Daraus kommt wieder neue Freude zu den Menschen hin. Ein fortlaufender Prozess des Lebens in der Freude und Liebe beginnt zu entstehen.
Es gibt sogar einen Roman "McArthy – ein Teufelsweib?", welcher sich mit Liebe und Erotik beschäftigt, als Ziel eines „Humanen Wirtschaftens" geschrieben. Kommunikation in der Ehe, der kleinsten

gesellschaftlichen Zelle, trägt auch zu einem besseren Kommunikationsverhalten in den Unternehmen bei. Wenn ich meine Frau genervt nur anschreie, verlerne ich auch den humanen Umgang mit Frauen in der Firma. Den Machos dieser Welt ein Zeichen. Der liebe Gott hat euch nicht den kleinen Pimmel gegeben, um Euer EGO besser aufblasen zu können! Sondern um Verständnis und Liebe zu verbreiten und zu vermehren. Dies nur am Rande.

Dieses Buch ist auch den Geiern gewidmet, welche mit ihren außergewöhnlichen Fähigkeiten, eine einmalige Verständigung in die Natur tragen und so zum Überleben

„Vieler" einen Beitrag leisten. Würden Geier und Adler nicht die Reste beseitigen, würde die Menschheit sich mit Pest und Krankheit selber zum Sterben verurteilen. Gerade in den armen Ländern Afrikas ein wichtiger, sauberer Beitrag für unsere Erde. Unsere Mutter Erde kann uns zeigen, wie es richtig geht. Schließlich ist sie schon älter als der Mond. Das Gleichgewicht ist so wichtig. Der Tsunami von 2011 hat sich als Zeichen einer neuen Zeit als gut erwiesen. Allerdings starben erschreckender Weise 300.000 Menschen, doch muss leider immer erst eine Katastrophe unsere Menschheit heimsuchen, damit wir aufwachen.

Alltag ist der Killer unserer Gefühle.

<u>Thema: Kommunikation zwischen den Tieren und den Menschen ist ein unerschöpflicher Quell geistiger Inspiration</u>

Wenn man sich die Zeit nimmt, in der Natur – der Natur zu lauschen, dann kannst du die Kraft der Tiere in der Kommunikation verstehen. Sie geben dir durch Zeichen ein Signal, dass sie dir vertrauen.

Kopf hoch, Gras fressen, Kopf runter – oft ein unsicheres Gefühl eines wilden Tieres, das sich nicht sicher fühlt. Doch wenn es merkt, dass Du nichts tust, dann wird es ruhiger und zeigt dir auf weite Entfernung sein Vertrauen zu dir. Schon kannst du lernen, wie man sich in der Natur richtig verhält. Bleibe ruhig sitzen oder sei ganz bei dir, um die Wildnis in ihrem Lauf nicht zu stören. Vor 2000 Jahren zu Jesu Zeiten kamen die Menschen einfach nur zu ihm, um ihm zuzuhören. Mehr war da nicht nötig. Satt wurden sie von ihm gemacht oder sein Wort wurde zur Nahrung einer schwierigen Zeitengeneration.

Es muss nicht immer Kaviar sein. Dieses Lied kann uns daran erinnern, dass das einfache Leben einen starken Reiz auf uns ausüben kann. In dem wir uns besinnen, was wir brauchen oder nicht können wir erkennen, welche Dinge in unserem Leben von Bedeutung sind oder gar einfach nur Überfluss darstellen.

<u>Kommunikation in der Wirtschaft:</u>
Diebe lese ich gerade werden bestraft. Lügner in der Politik hingegen, werden geduldet und belohnt, wenn sie wie in einem aktuellen Fall ihr Leben anders darstellen, als es richtig ist. Logisch dass es einen anderen Weg nimmt – das Leben – mit einem falschen Abitur und Studium der Jurawissensschaften eine Karriere hinlegen, dass es kracht. Da kannst du zur Bank gehen, der Kredit

wartet schon. Die Villa ist schon gebaut und die Rente ist sicher ohne Leistung gebracht zu haben.

So etwas muss einer von uns „kleinen" Leuten sich erst einmal trauen. Keine 5 Meter würden wir voran kommen. Da es uns vorbestimmt ist, die Hosen herunter zu lassen und man schaut, ob wir nicht noch einen EURO in der Arschspalte versteckt haben. Welchen uns die Regierung noch nehmen könnte. Zumindest bei der Bewerbung um die Arbeit ist es immer so, dass unsere Angaben immer stimmen müssen und belegbar sollten sie auch sein. Wie kann da sich jemand durchmogeln?

Was ist das für ein Zeichen 2016 an die Jugend, welche sich ihr Abitur gerade redlich verdient hat? Soll die Jugend 4 Jahre warten und dann in den Lebenslauf schreiben der „Bachelor" hat sich mir einfach so erschlossen? Danke ich nehme den Scheck gerne an!!! Kann die Jugend sich heute noch den Erwachsenen anvertrauen, oder sind alle nur noch Betrüger des Rang und Namens Willen. Eine wichtige Frage deren Antwort niemand kennt, außer den Lügnern und Betrügern selbst.

Kommunikation von Mensch zu Delfin und Delfin zu Mensch!

Ja, sie verstehen es uns zu durchschauen. Von Kindern und Menschen mit schweren Krankheiten hörte man schon, dass es Zeichen der Besserung oder Genesung gab, weil die Menschen sich mit den Delfinen im Wasser vergnügt haben. Doch was ist das Geheimnis dieser Prozesse in der Natur und warum kann ein Delfin in unsrem Körper Schwachstellen erkennen?
Sein Echo befähigt ihn, auch im trüben Wasser zu fischen. Er sendet Signale aus und die Wiederkehr des Schalls vermittelt ihm einen Eindruck seiner Umgebung. Auf diese Weise ist es ihm auch möglich, in unserem Körper kranke Stellen zu erkennen. Es ist eben ähnlich wie bei einem

Wolf, der den krankhaften Ausscheidungen seiner zukünftigen Beute entnehmen kann, ob es sich lohnt die Jagd zu beginnen. Schon hören wir es, das Heulen des Rudels um sich zu versammeln. So machen es auch die Delfine mit ihren Ultraschallsignalen. Wie wir es auch drehen oder wenden wollen, die Natur ist uns immer einen Schritt voraus.

Delfine – perfekt angepasst an das Wasser, Stromlinien - förmig, schnell, präzise und intelligent. In ihren Eigenschaften wird sogar so viel Kraft gesehen, geistig – behinderte Menschen positiv zu beeinflussen und ihre Entwicklung voranzutreiben. Welches Tier kann das von *sich behaupten, uns Menschen so nahe zu sein und doch in der Distanziertheit seine Kräfte voll entfalten zu können.*

Abstand und Nähe sind auch in der betrieblichen Kommunikation die unabdingbaren Vorrausetzungen für das wirtschaftliche, erfolgreiche Streben. Oben gibt durchdachte Anweisungen und Unten führt sie aus. Mit einer guten Sprache von Mensch zu Mensch ist da allerhand zu erreichen. Doch die Überlegenheit ausspielend riskieren die Mitarbeiter einer Firma - oben – nicht viel. Sie sind ja abgesichert. Unten ist da schwierig seine Meinung kund zu tun, da es um die Arbeit geht. Diese Ängste gehören in den Müll verschoben. Sie nützen dem Unternehmen nichts. Halten wir uns an die Delfine und sehen wir zu, dass unsere Sensibilität den Menschen gegenüber wächst. Es ist nicht ein unnützes Ding, sondern eine Gabe der Feinfühligkeit – die uns zum Menschenfreund machen kann. Diskutiere ich von oben nach unten, bin ich kein Menschenfreund. Nur mein „EGO" soll glänzen wie bei den alten Sparkassen-Werbungen. Mein Haus – mein Auto – mein Boot. Und wo bleibt der Mensch? Das wahre, eigene ich? Angst vor dem in den Spiegel schauen? Wundert mich nicht, *denn es ist nicht einfach die Wahrheit im Spiegel über sich selbst zu erfahren! Der Mensch ist immer unvollkommen. Erst die Liebe einer Mutter gibt uns Sicherheit und Geborgenheit, welche uns vom ersten Tag an prägt. Später in den Jahren des Erwachsenwerdens, sind wir wieder von den Erfahrungen der Mutter abhängig. Sie zeigt dem jungen Mädel, wie es ist eine Frau zu werden oder sein. In Afrika haben die Mädels oft nicht so viel Glück. Doch wird die Kommunikation in den Umbruchjahren vergessen, kann es sein, dass die jungen Frauen verstört über ihre neue Erscheinung reagieren. Auch das ist eine Erfahrung der neuen Erwachsenen*

Welt. Delfine oder andere Tiere helfen oft in anderen Ländern dieser Welt Menschen und Kindern sich in einer für sie neuen Situation zu Recht zu finden. Hunde bei den Eskimos, Pferde bei den Indianern, Dschungeltiere vielleicht in Afrika. Der Mensch muss nicht immer der Freund sein, welcher unser Leben prägt.

Betrachten wir also jetzt die Situation in unserer Wirtschaft einmal unter dem Gesichtspunkt der Kommunikation, dann haben wir ein Problem. Die Politik gibt vor, sie diktiere der Wirtschaft als Regierung die Handlungsweise. <u>Doch es ist genau anders herum.</u> Die Wirtschaft und das Geld der Wirtschaft diktieren der Politik und Regierung, wie sie es gerne haben wollen. Aus diesem Grunde finden sich auch so viele Wirtschaftler als Vertreter in der Politik wieder. Kann man das schon stille Einflussnahme nennen? Unausgesprochen sehen wir da einen Konflikt in Deutschland. Der französische Präsident oder auch der amerikanische Präsident, haben Einfluss auf die Wirtschaft. Sei es vielleicht auch nur über die „Bank – Goldmann/Sachs" welche schon immer einen sehr starken Mitbestimmungsgrad der amerikanischen Regierung für sich in Anspruch nehmen konnte. Es ist das Geld, welches regiert und nicht Wortklaubereien.

Auch in der Türkei unter Erdogan wird es eines Tages zu einem Machtwechsel kommen, wenn sich die Verhältnisse des Geldes und der Kommunikation in eine andere Richtung bewegen. <u>Die Freiheit des Geistes muss wieder hergestellt werden.</u> Kein Diktator kommt so einfach ungeschoren davon. Dies hat bei Hitler, Honecker, Chorchesku (Rumänien), Stalin, Napoleon nicht funktioniert. So wird es auch bei Herrn Erdogan den „Tag des Erwachens" geben. Alle Kräfte die er jetzt „säubert", werden eines Tages den Schlüssel seiner Zellentür gern und persönlich in die

Untiefen des Meeres versenken. 6 Monate sind ja noch offen zum Verbüßen. In diesem Fall der Kommunikation geht es nicht um positives Wirtschaften, sondern um Größenwahn. _Erdogan Senior_ würde sich den armen Bengel schon einmal zur Brust nehmen. „_Ich habe mir mit harter Arbeit und Fischen das Leben verdient und Du?_"
Leidest du an einer Störung deines inneren Bewusstseins?"Warten wir es ab. Manchmal erledigen sich die Dinge schneller und anders als erwartet.

<u>*Überstunden oder Arbeitsamt*</u> sind die Fragen, welche sich die Bürger und Mitmenschen heute stellen müssen. Jeder hat Angst seine Arbeit zu verlieren und nach einem Jahr den Hartz IV Weg gehen zu müssen. Dies ist nicht die Schuld der Arbeitnehmer, dies ist die Schuld der Unternehmer und einem Altkanzler S. der in seiner Verblendung gedacht hatte, alles wird besser mit mir. Agenda 2010 hat mehr Unheil gebracht und Altersarmut bewirkt, als fortschrittliches Wirtschaften. Wo sind die Ziele hin von denen die jungen Menschen träumen können? Altkanzler S. wird durch Gazprom gut bezahlt? Ob die „Phillip Holzmann GmbH" Leute auch den

Ruhestand genießen können oder müssen sie mit Hartz IV ihr Dasein fristen! „Freunde wir schaffen das", scheint ein Kanzlersatz zu sein, der bei den regierenden Menschen irgendwie immer geht. Doch das Volk muss mit kleinen (1400 Brutto)(900 € netto)Löhnen und nicht mit 9.000 € bis 14.000 Euro/Monat vorlieb nehmen. Da bleibt keine Zeit zum Überlegen. Vielleicht kann ich in der Rente mit einem Nebenjob noch ein paar Kröten dazu verdienen.

Wo ist die Republik hin, deren Einwohner sicher und ruhig von ihrem Geld leben können. In einem Land nach dem Krieg zerstört und nun sind sie Gäste und unerbetene, zu teure, im eigenen Land. Zu teuer der deutsche Arbeiter. Doch hat das teure Arbeiterlein auch viel Zeit in sein Wissen investiert. Schule, Abitur, Ausbildung, Studium sind alles Zeiten des Wissen anhäufen. Sollen wir wieder alle auf die Straße gehen und die Selbige fegen wie zur Weltwirtschaftskrise 1923? Unser Land kann nicht nur von Physikern, Ärzten, Juristen und Pädagogen regiert werden, da sonst der Bezug zur Realität verloren geht. Ist schon zum Teil geschehen. So richtig nehmen die Minister das Volk und seine Bedürfnisse nicht mehr wahr.

Sonst würden ihre Vorstellungen von Geld nicht einer so weit entfernten Realität entsprechen, dass es dem Hund graust.

Wer verdient noch 10 € die Stunde? Doch ist eine Stunde Bundestag mit 80 € noch gerechtfertigt? Eine Stunde AG Vorsitzender 400 € bei auch nur 60 Minuten Stundenzeit?
Wo soll der Verfall der Arbeit noch enden, wenn gleichzeitig die Diäten immer weiter steigen, ohne eine erkennbare Steigerung der Leistungsqualität?

Kommunikation auch im Bundestag muss sich auf eine neue Stufe stellen. Die

Politiker sollten sich bei ihren Diskussionen einfach vorstellen, ein Minutenbeben hätte eine deutsche Stadt zerstört und es bedarf eines schnellen Handelns. Das Labern und nicht Handeln muss wieder in die rechte Bahn gerückt werden. Taten sind der Schlüssel zu einem Erfolg in allen Bereichen unseres Lebens. Ich hoffe, 2016 war der Beginn eines neuen Zeitalters. Viele Gedanken in meinem Buch von 2015 „Der Wanderer oder Maria Magdalena auf den Fersen" sind tatsächlich 2016 schon in Erfüllung gegangen. Die Betrüger fliegen auf, die Falschangeber von persönlichen Daten werden aufgedeckt, Vorgaukler werden entlarvt. Die Maske der Lüge wird den scheinheiligen Gesichtern gnadenlos vom LEIB gerissen. Und nun sieh das wahre Wesen in seiner Unvollkommenheit.

Immer wieder siegt in diesen Tagen des schieren Verzweifelns die Überzeugung, alles ist in einem guten Rahmen. Wir sind an der richtigen Stelle zur richtigen Zeit. Unsere Vorstellung sollte nicht unser wahres Leben bestimmen. Nur die offene Kommunikation unseres Herzens in der Gesellschaft kann eine „neue, erweiterte Dimension" des Denkens hervorbringen. Dazu müssen wir unser altes Leben mit dem irdischen Gedankengut verlassen und die Ebene eines Vogels einnehmen. Nur von

oben ist die Herrlichkeit des unbekümmerten Lebens zu erkennen. In der Weite des Alls zeigt sich unsere Unbedeutsamkeit. Der Wille „Großes" zu vollbringen, kann der Weg an den Abgrund sein. Im Vertrauen auf Gottes Gnade ist es uns möglich am Menschen wie ein Mensch zu handeln. Dies wäre dann die Erfüllung unseres Daseins. Doch den Finger im Mund haltend, werden wir nicht satt und haben wir kein Brot oder Wein.
Die 12 Apostel oder Jünger Jesu Christi sind die Umsorger des „Heiligen" auf Grund dessen er seine Herrlichkeit zeigen konnte.

In einer Zeit der Gewalt und des Egoismus ist eine solche Lebensweise schwierig.
In der Ehe haben meine Frau und ich Jesu Verhältnisse. Sie erarbeitet das Geld für das Leben, ich bringe die Erde und das neue Denken durch meine Bücher zu einander. So halte ich ihr den Rücken frei, um großes leisten zu können und ich muss meinen Erfolg in der Zeit sehen, wenn die Bücher beim Schreiben wachsen wie ein kleines Kind. Es sind meine Kinder an die Nachkommen der Gesellschaft von den Menschen, welche jetzt die Arbeit für die späteren Generationen vollbringen und ihre Leistung in das System einspielen. Doch der Generationenvertrag ist heute nicht

mehr erfüllbar. Wie schon gesagt kann keiner mehr bis 67 arbeiten, wenn die Firma es nicht will. Da sie gern den Arbeitnehmer mit 48 eigentlich schon loswerden will. Politik und Wirtschaft hatten seit 1950 schon immer wenig Ahnung voneinander. Bl. war ein Minister der durch Opel wusste, wie schwer die Arbeit wirklich ist. Doch ist der Alltag in der Politik wie eine Pille, deren Wirkung sich für lange Zeit auf das Bewusstsein auswirkt.

Sonderliche Welten prägen im Moment unseren Planeten. Da ist Krieg wie wir ihn schon seit Jahrzehnten nicht mehr kennen, Not, Elend und Vertreibung teilt und spaltet die Erde in eine obere, reiche und eine untere, arme Hälfte. Mit Worten allein können die Politiker in diesen Zeiten der Unsicherheit kein Brot in die Welt bringen. „Der Frieden" unseres gesamten Planeten Erde muss auch einmal den Einsatz von Waffen rechtfertigen, damit das Elend der Diktatur von einzelnen, machtbesessenen Egoisten nicht wie im Sozialismus oder Nazitum sich über Jahrzehnte hinweg halten kann. Sei es nun ein E (Türkei) oder ein P (Russland) oder ein früherer, rumänischer Staatschef, den man 1991 gleich auf den Stuhl setzte und erschoss.

Ich bin nicht für den Tod eines Menschen, denn jeder hat das Leben verdient. Doch wer einem Menschen schon das Leben genommen hat, muss sich nicht wundern, wenn die Schwingungen der Zeit sich gegen ihn wenden. So geht es den Mördern in diesen Tagen, wie den sinnlos Reichen deren Keller mit fremdem Gold gefüllt und überfüllt sind. Gott wird sie eines Nachts zu sich rufen und dann werden sie ihre Armut im letzten Hemd erkennen. Dieses hat keine Taschen.

Es ist eine Tatsache dieser Welt, dass sich bestimmte Sachen immer wieder in einer Schleife wiederholen. Ich glaubte früher selbst auch nicht daran. Doch die eigene

Analyse meines Lebens ergab es. Die Lebenszyklen kommen immer wieder auf den Tisch, bis wir sie bearbeitet und entlassen haben, da sie uns nicht mehr nützlich sind.

Suchen wir aber aus der Analyse das Beste heraus, so werden wir beschenkt mit der Tatsache aus den vielen Informationen und durchlebten Situationen bereit zu sein, im Moment des Augenblickes richtig handeln zu können.
Schaffen wir es in diesen Tagen zu uns selbst zu finden, dann kann es sein, dass das Leben welches wir uns vorstellten und wünschten, schneller zu uns findet als wir

es uns vorstellen konnten. Doch im Moment des Zweifels wollen wir den Strick der alten Gewohnheiten nicht loslassen. Es fehlt uns an der Kommunikation mit unsrem Schöpfer und dem „inneren Urvertrauen". Kleingläubige Individualisten sind wir geworden. Doch so hoffen wir auf das Wunder der Kraft von himmlischen Boten genauso, wie auf das „Wunder von Bern" im Fußball 1954. Sport und Glaube haben eine Menge Gemeinsamkeiten.

Sehen wir uns das Ganze nun einmal mit einem Rückblick an, so kommen wir zu ganz neuen Erkenntnissen. Wir konnten jetzt über 162 Seiten lang erleben, dass es

neue Wege gibt, durch gütige Worte im Sinne des Menschen und der ganzen Wirtschaft geradezu Berge zu versetzen. Integration ist auch eine Form der Kommunikation. Doch sollte die Integration der Flüchtlinge und Migranten NICHT darin bestehen, dass es den ansässigen Deutschen so ergeht, als wären sie unerwünscht im eigenen Land.
Wie oft soll der „Eine" oder „Andere" eigentlich noch für die Gesellschaft bezahlen? Im Osten diktierten die Kommunisten die Richtung, im Westen ist es der Markt und die Marktwirtschaft und nun ist mancher <u>DEUTSCHE</u> nicht mehr wert, in seinen deutschen Unternehmen

auch zu arbeiten? Da hört das Verständnis von Integration bei mir auf. Erst müssen die deutschen, einheimischen Bürger einmal bedacht werden. Sollte dann noch Platz sein, kann man über Möglichkeiten des Auffüllens nachdenken. Es kann nicht sein, dass es erst zu einer Katastrophe kommen muss, ehe wir begreifen, dass wir die Welt nicht damit retten, Menschen aufnehmen ist gut, aber nicht ihnen den roten Teppich auszubreiten. Sie kommen aus einer Kultur, die der heutigen, westlichen um hunderte Jahre in moderner Technik bezogenen Sinn hinterher hinkt. Kamele und Dromedare sind die Transporter dieser Wüstenvölker, während wir uns mit Überschall - Jets bewegen. Was für ein grasser Unterschied. Daran sieht man die unterschiedliche Entwicklungsweise der Menschen. Die „Einen" sind im Jahr 2016 angekommen, die Anderen jagen noch den Zeiten des Jagens und des Fischens von vor 15.000 Jahren hinterher. Frühprimaten nannte man sie zu dieser Zeit. Manchmal habe ich das Gefühl zu einem modernen Menschen fehlen ihnen noch so 2000 Jahre moderner neuer Unternehmenskultur.

Erdöl allein macht noch keinen arabischen Industriestaat aus. Es gehört eine Wirtschaftsstruktur dazu, deren

Vielfältigkeit es den Menschen in dieser Gesellschaft ermöglicht sich und ihre Potenziale voll zu entfalten. Auch dazu braucht es eine wertfreie Kommunikation und nicht das Diktat einer Religion oder festgefahrener Überzeugungen.

Thema: Alkoholismus im Betrieb als neue Form der Kommunikation

Alkoholismus in den Unternehmen unserer Zeit ist keine Kleinigkeit, die wir unter den Tisch kehren sollten. Nein, sie ist ein Hilfeschrei von einzelnen Seelen, welche sich im Meer der Überforderungen verloren haben. Schwäche heißt es, wenn wir die Leistungen nicht mehr bringen können oder wollen. Doch der Druck wächst und so vermuten wir, dass es mit einer Art der Betäubung leichter zu ertragen geht. IRRTUM - es wird nur schlimmer, da wir immer größere Mengen unseres Suchtmittels über die Jahre brauchen, um dem Stress des Alltags eine sichere Variante des wieder unten Ankommens entgegen zu setzen. Stille Duldung der Chefs wird langfristig den Verfall des Menschen nicht aufhalten. Nur mit gezielter Unterstützung kann es gelingen, dem Abkömmling des Lebens wieder eine neue Perspektive zu geben. So wird, kann und muss der still Trinkende zu einer Einsicht kommen: „So kann es nicht mehr weitergehen! Alles geht kaputt!" Hier an dieser Stelle geht der Ruf an die Verantwortlichen der Geschäftsführung und den Leitern der Abteilungen.

Ein eindeutiger Ruf muss das Hilfeangebot sein. Verheimlichen bringt gar nichts, sondern das Leiden wird nur mit jedem Tag verschlimmert. Offenheit und die Chance sich auszusprechen müssen in einer neuen Kommunikation in den Unternehmen auf der Basis von Vertrauen eingreifen. Nicht nur das Unternehmensgefüge leidet darunter. Nein oft geht die Familie, Ehe und die Kinder im gleichen Maße zu Grunde. <u>26 Milliarden wirtschaftlicher Schaden jedes Jahr,</u> spricht hier eine eindeutige Sprache. Unsere Nation versäuft sich ihren kreativen Verstand. Diese Energie kann zu weit höherem Nutzen dienen. Das Wunder der Befreiung vom Suchtmittel ist nicht nur für den Betroffenen eine sonderbare Zeit, nein auch das Umfeld wird in unmittelbarer Weise von den Veränderungen des Kollegen erst überrascht und später begeistert sein. Ich sage immer, wenn sie eine logistische Großaktion planen und durchführen wollen, so suchen sie sich einen „Trockenen Alkoholiker" den niemand konnte sein „Säuferleben der Beschaffung und des Trinkens so koordinieren wie er!" es ist eine erwiesene Tatsache, dass die Menschen sich einer „Inneren und Äußeren" Wandlung unterziehen müssen. Doch das Ergebnis ist immer wieder mehr als verblüffend. Ich selbst kenne einige Menschen, welche den Absturz überlebt haben, einen neuen Weg gegangen sind und heute stabiler durch ihr Leben gehen, als sie es sich selbst während ihrer Sucht jemals vorstellen konnten.

<u>Doch eine Warnung an die Gesellschaft:</u> Alle die in einen solchen Höllenritt der Sauferei hinein gefallen sind, sich wieder aufgerappelt haben, sind auf gar keinen Fall <u>Versager</u> – sondern <u>Helden erster Klasse</u> – die sich dem Strom der Süchtigen mutig entgegen stellen, um das Gegenteil

der versoffenen Kreatur allen in der Gesellschaft zu beweisen. Am meisten beweisen sie sich, wozu sie aus eigener Kraft heraus tatsächlich fähig sind. Bewundernswert!

Die Verurteilung des Alkohols obliegt nicht uns oder den Menschen, welche wir mit einem schälen Blick bedenken.
Morgen schon kann das Schicksal uns in eine Situation bringen (Tod der Frau, des Kindes, nahen Verwandten oder Freund) die uns in gleicher Weise aus der Bahn wirft und nur der teuflische Freund Alkohol scheint uns trösten zu können. Haben wir Trost gefunden, ist eine Weile

vergangen, hat er uns fest im Griff und lässt uns nimmer los. Daher Vorsicht mit der Begutachtung von Menschen in Klassen unterschiedlicher Art. Der Tag X lauert an jeder Ecke mit dem breiten Grinsen des „Baron lefueT" im Gesicht. Wir sind nicht der Junge, welcher sein Lachen verkaufte. Und doch haben wir dann unser herzliches Lachen an den Geist in der Flasche verkauft. Damit das Umfeld nur die „Fahne" der versteckten Eitelkeit nicht erkennt. Jeder ist nur ein Mensch. Jeder macht Fehler. Aber jeder ist in der Lage aus den Fehlern zu lernen und sie zu einem besten Wege für das Gesamtwesen Menschheit zu verändern. Dazu gebe Gott

Weisheit und Verstand uns allen Verlorenen im „aktiven" sowie auch im „trockenen" Seelenleben. In den Schreibtischen der Republik liegt noch genug Schnaps für die ganz große Sause.

Doch viele werden diese nicht mehr erleben, weil die Zirrhosen der Leber und der Gevatter Tod sie schon alle abgeholt haben. 70.000 pro Jahr sind eine Stadt deren Kaufkraft man besser nutzen kann, als um sie unter der Erde zu verscharren, wie die Knochen der Hühner. Besinnen wir uns immer wieder auf eine einfache Regel des menschlichen Zusammenseins und der Kommunikation: <u>„Wie es in den Wald</u>

<u>hineinruft, so schallt es auch wieder heraus!</u>" Sagt aus: bin ich zu den Menschen in meinem Umfeld, ernst gemeint freundlich und nett, bringt mir das Freude und Glück in mein persönliches „SEIN".

Damit stärke ich das Allgemeinwohl und somit am Ende auch wieder mich. Ein Kreislauf der Zeit und der Regeln der Natur wie Frühling, Sommer, Herbst und Winter. Mit Sonne im Herzen strahlt der Mensch in die Gesichter seiner Mitmenschen und beginnt sie von Innen her zu verändern. Griesgrämigkeit und Traurigkeit sind nicht die Boten unserer inneren Stimme. Lache am Morgen und vertreibe damit die Sorgen deiner Zukunftsangst. Wunder sind Bestandteil unseres Lebens, welches schon mit der Geburt eines kleinen Kindes (uns) beginnt.

Schauen wir in den nächsten Seiten noch einmal zurück, so sehen wir eine große Menge der Möglichkeiten, wie wir mit Kommunikation einen neuen Geist in die Firmenkultur bringen können. Durch Miteinander reden und nicht diktieren wird eine Motivation des Verstanden Werdens etabliert. Ich kann und will mir nicht vorstellen, dass es sinnlos wäre diesen Versuch auf lange Sicht zu starten. Noch immer hat es sich bewiesen, wenn schon einmal Not in der Firma wäre – der Chef spricht mit Verständnis über die zu leistende Mehrarbeit und bittet um Mitarbeit genauso wie die Einsicht, dass es jetzt sein müsse. Oft wird sich die Leistung erhöhen, denn alle wollen es schneller erledigt haben.

Ich meine es jetzt ernst mit dem Ruf:
„HALLO - ist da WER?"

Zeit zum Aufwachen mit der Einsicht zu mehr Mut und Einsatz an allen Fronten des Lebens. Wir sind nicht in einem cleanen Raum. Steril verpackt verbringen wir nicht unsere Zeit und auch der Mensch kann mit einem anderen Menschen großartiges

vollbringen. Viele Hände, ein Ziel, eine Sprache und der Turmbau zu Babel hätte funktionieren können. Das Ziel darf nur nicht Gottes Ablöse sein. Schon haben wir eine Problembank, deren Last wir nicht stemmen können. Die Menschen zu Babel zogen davon. Jeder mit seiner Sprache und seinen Mitmenschen. Sie wurden verstreut und kamen nicht wieder zusammen.
Jetzt im Jahre 2016 und 2017 ist es eine unabdingbare Notwendigkeit, dass die Menschen weltweit wieder zusammen kommen. Nur mit dieser Umsetzung werden sie die Menschheit in eine Zukunft führen können. Das Überleben beginnt nicht mit Brot und Wasser in der Wüste.

Überleben werden wir mit Strategien zu Lösungen der gesamten Menschheit.

Die Natur wird ihre Forderungen stellen, sie einfordern und ihre Einhaltung gnadenlos umsetzen, wie der Sheriff in einem alten Western „Rauchende Colts". Unsichtbar – aber existent haben die Gesetze der Natur durch unser Eingreifen ihre Gültigkeiten verändert. Wenn wir die Gleichung Einsteins verändern, kommen Katastrophen zustande. Nehmen wir uns die Freiheit heraus, für uns eine neue Unbekannte – nennen wir sie Klimaentwicklung – zu verändern oder falsch einzuschätzen so werden wir zum

Untergang verdammt sein. Denn die Evolution hat uns hervorgebracht. So ist es für sie auch keine Sache – uns wieder verschwinden zu lassen.

Mit der Kommunikation unter den Menschen hat es angefangen. Kennen Sie den Film „EVOLUTION" der sich mit der Verstandesbildung unter Affen und dem Überleben in dem Verhindern eines Krieges ausdrückt? Wer sich liebt braucht beide Arme – also haben beide keine Zeit – eine Waffe in die Hand zu nehmen. Krieg nicht möglich wo die Liebe zu Hause ist.
  Liebe unter den Menschen gibt uns eine Chance Menschen hervor zu bringen, deren

Gene wieder die Liebe wachsen lassen. So entsteht ein dauerhaftes Gefüge an liebevollen Menschen. Ihr Ziel ist die Verbreitung der Liebe.

Wo die Liebe blüht, kann eine Distel des Hasses keine Grundlage des Wachsens finden. Das Licht der Pflanzen welche die Liebe wachsen lassen, übertünchen die Dunkelheit des Hasses und des Krieges. So soll es weltweit sein. Unsere Welt ist zu schön, um sie durch Torheit zu überfordern. Menschen sind in ihrer Schönheit die Blume, die die Erde in der Dunkelheit mit Farbe, Licht und Liebe übersähen.

Winter gab es schon immer. Eiszeiten kommen nicht wieder, jedoch darf man es nicht vergessen. Das Weltall bietet uns eine Chance weit in die Vergangenheit zu sehen. Doch ist auch der Blick in die Vergangenheit im All – immer der Blick in die Zukunft unserer vergehenden Sonne. Manche mögen sich im Katastrophendenken einen Profit versprechen. Angst ist ja immer auch ein guter Schürer von Verzweiflung. Lauert die Verzweiflung – kann ich die Menschen manipulieren. Schon zappelt der Mensch an der Angel, wie die Forelle am Haken des Anglers der das Wasser trübte. Lassen wir uns nicht blenden. Bemühen wir unseren eigenen Verstand, sichten wir die jeweilige Situation, handeln wir dann nach unserem

Ermessen. Daraus wird etwas Gutes entstehen.

Kommen die Menschen zueinander, dann sollten sie sich immer mehr einer friedlichen inneren Haltung gegenüber sehen. Der Mensch muss lernen, er ist ersetzbar und nicht die Krönung der Schöpfung.

Immer und immer wieder seit Jahrhunderten unterliegen wir diesem, Irrglauben. Uns gehört die Welt doch schon lange nicht mehr und wenn wir es genau betrachten, dann hat sie schon vor 65 Millionen Jahren uns nicht mehr gehört. Heute graben wir die Dinosaurier aus. Ihnen hat die Welt schon immer gehört. Als

Riesenmonster und als Vögel heutigen Tags.

Richten wir unser Augenmerk in diesen Tagen 2016 und Anfang 2017 mit einer neuen Gewissheit auf unsere Zukunft. Alle wollen uns erzählen in der Politik, es wäre 5 Minuten vor 12 Uhr. **FALSCH** es ist bereits Viertel nach 12 – doch die Uhren in der Politik und der Wirtschaft laufen der tatsächlichen Gegenwart weit hinterher. Es geht nicht darum die Welt zu retten wie James Bond in seinen Aktionen. Unsere Aktionen müssen lauten zur Besinnung und Befriedung dieser Welt einen Beitrag zu leisten. Dies kann schon in der Beziehung von Mann zu Frau seinen

Anfang nehmen. Mit der kleinsten Zelle der Gesellschaft – der Familie – fängt die neue Kommunikation der neuen Zeit an. Danach kommt die Übertragung in die Wirtschaft. Hinzu kommt die Verbreitung des Gedankens über die Kontinente durch den Handel.

Mögen uns manche Kulturvölker vielleicht auch bald als ausgestorben begegnen, so ist doch die Erkenntnis wichtig, Kinder und Nachkommen zu zeugen und die Völker bei ihrer Erhaltung zu unterstützen. Die Naturvölker müssen sich ihr Verhalten neu überdenken. Tun sie es nicht, (sinnbildlich)

nenne ich es die Rache der Natur an den Menschen, welche sich gnadenlos an den Meeren vergreifen - sie nicht achten und das Leben so nicht verdient haben. Nicht umsonst ist der Tsunami über dieses Land und Fukushima hinweg gefegt. Durch Generationen haben sie verlernt, statt nur freundlich zu lächeln, auch einmal angestrengt nachzudenken.
Immer wieder sehen wir Wunder. Wunder des Lebens, wenn ein Kind zur Welt kommt. Wunder der Evolution wenn neue Arten entdeckt werden. Wunder der Natur, wenn aus einem Sandkorn eine Perle entsteht. So glaube ich auch an das Wunder der Menschen.

Dieses Wunder besteht darin:
Alle Menschen wachen auf, erkennen ihren gesamten Irrtum ihres „Daseins" und fassen den Entschluss, weltweit unter allen Völkern eine Zusammenarbeit zu organisieren. Zum Wohle aller wird dieses Projekt dann von Erfolg gekrönt sein.
Und der Atommüll hätte doch mit einer Rakete lässig auf der Rückseite des Monds Platz, da „ER" sich sowieso jedes Jahr um 5 cm von der Erde weg bewegt.
So hätten wir wieder mehr Platz für Sonnenenergieanlagen. Die Sonne wird wohl länger scheinen und bestehen als die Erde. Da wir nicht umkehren wollen!

Dieses Buch ist nicht umsonst geschrieben worden. Sondern seine Gedanken werden sich verbreiten und die Welt in seinen kleinen Säulen des alten Denkens erschüttern. Und wenn es in den Familien anfängt, wo der Gedanke immer zu reifen beginnt. Ich hoffe, das Buch wird von einer Person gelesen, dann erkennt diese Person den neuen Zeitgeist und empfiehlt diese Aufforderung der Suche eines Menschen an den nächsten Menschen weiter. Und schon springt der Gedanke zu einer neuen Person und das Gut des Inhaltes bekommt jetzt sozusagen Kinder. Nicht der Aufruhr ist das Ziel dieser Schrift, sondern das Aufmerken in den Herzen der Menschen

Ihres eigenen, verkommenen Seins!
Ja, wir denken auch nur an uns. Ja, wir sehen auch nur uns auf dem Thron der Firma. Ja, wir dulden auch nur uns ganz oben und nehmen anderen Menschen die Kraft der Gedanken weg. Ja, wir wollen uns auch nicht verändern und haben Angst, um unseren Reichtum. Auto, Haus, Boot sind unsere Statussymbole. Dabei haben wir außer unseren Symbolen nichts. Leere Hüllen kleiden unser Leben aus. Leere Hüllen werden eines Tages in der Kiste unter der Erde begraben, für die wir zu Lebzeiten nichts getan haben. Ich möchte mir sagen können, mit meinen Büchern habe ich versucht der Welt etwas

zurückzugeben, von dem Reichtum dieser Welt der mir zuteil geworden ist. Nicht nur in materieller Hinsicht. Nein auch in seelischer Lebensstärke - in der Fülle der Freude. Aus dieser Freude heraus konnte ich für die Menschen etwas tun oder den einzelnen Menschen tatkräftig unterstützen. Doch immer muss man aufpassen, damit „ich" nicht ausgenutzt werde. Kommen die Neider und fragen mich, ob es möglich wäre den Erfolg zu teilen, dann gibt es die klare Antwort:

ANWORT: Erfolg ist eine hart erarbeitete Sache, die nur den stark macht, welcher ihn mit seinen Mitmenschen teilt.

Gegenfrage: WO WARST DU; ALS ICH IM DRECK WÜHLTE, MIT DEN SCHWEINEN HAUSTE, NICHT WEITER WUSSTE?

Antwort: ICH WAR HIER!

Diese Frage sollten sich viele die sich gut vernetzt glauben, einmal ihren „wahren" Freunden stellen. Wundert euch nicht, wenn innerhalb kürzester Zeit eure Freunde aufstehen und rennen. Wo es nichts zu holen gibt, werden sie schnell die Flucht ergreifen. Nur darum geht es einzelnen Menschen heute in dieser Welt. Sich an der harten Arbeit anderer, mit Pomp und Protz zu ergötzen. Und wissen, *dass sie selbst nichts leisten können, somit auch selbst nichts erreichen können!*

Arme Seelen in ihrer blöden Ego – Welt.

Namen braucht man da nicht zu nennen. Augen auf – dem Schwachsinn gelauscht – schon ist der Ego oder die Ego – Tante mit wenig Hirn und großem Busen zu erkennen. Leicht lässt sich eben flache Persönlichkeit zwar körperlich aufpeppen, doch beim Hirn sind unsere menschlichen Möglichkeiten erschöpft. Da hilft auch keine Pille. Sagt schon der Kindermund.

letztes sehr wichtiges Thema:

Das Zuhören von Kindern und Erwachsenen!

Das wissen wir ja schon seit unseren 68er bis 70er Jahren, dass es sinnvoll ist, wenn der Enkel von seinem Opa viele Geschichten erzählt bekommt. Eine wahre Schatzkiste der Erfahrungen aus vielen Jahrzehnten Leben. So ist es nicht verwunderlich, wenn diese Enkel später auch davon erzählen, wie schön es doch war, wenn der Opa erzählte und die Oma

Geschichten und Märchen vorlas. Zu alldem gehörte aber eine Sache:

DAS ZUHÖREN!

Heute kann kein Kind mehr stillsitzen oder zuhören. Aus dem Zuhören heraus entwickeln sich die Fähigkeiten Texte aufzunehmen, ihren Sinn zu erfassen und nun daraus Schlussfolgerungen für das eigene Handeln oder das Handeln einer Gruppe festzulegen. Traurige Gewissheit ist, dass der Handy-Wahn den Jugendlichen ihre Fähigkeiten des Selbst-Bestimmten – Lebens nimmt. Übrig bleiben kleine ferngesteuerte Zombies wie aus ihren Computer- oder Handyspielen.

„Früher war alles besser!" sagen die alten Leute. „Früher war alles anders!" sagen die Leute meiner 68er bis 75er Generation. Fast zweimal der gleiche Satz, welcher aber in seinem Inhalt ganz und gar verschiedene Inhalte mit sich bringt.

Der Opa und die Oma meinen, einen anderen Umgang miteinander und die Gemütlichkeit, die trotz der Arbeit in den Häusern und Generationen spürbar waren. Nicht immer herrschte Friede und Trautheit. Doch war es in den ärmeren Zeiten schneller mit der Wut vorbei, da man sich zusammenraufen musste. Die Not der Zeit oder der Kriege schweißte die Menschen auch zusammen.

Gerade in diesen Zeiten der Weltkriege spielten die Märchen noch eine wichtige Rolle für die kleinen Kinder. Einerseits durch ihre Vorbildfunktion eines Herrschers oder Königs, andererseits auch durch die Abenteuer der Könige, Prinzen und Prinzessinnen die alle nur auf ihren Prinzen warten. Vergeblich! Doch man kann sich einer Illusion doch gern einmal hingeben. Ich kenne nur eine
Frau, die von sich behaupten kann, das Warten hat sich auch bis 50 gelohnt und

ich habe meinen Traummann gefunden.
Diese Frau ist die Meinige!

Erinnern wir uns noch der Fotos von unseren Opas und Omas können wir oft noch die Bilder sehen, wenn die Kinder versammelt auf dem Boden sitzen und die dicken Märchenbücher werden von der Oma aus dem Schrank Sonntags geholt. Da war sie – SILENT – die Stille!

Eine Stecknadel konnte man fallen hören. Plötzlich ging es los. Der Prinz und die böse Schwiegermutter spielen plötzlich die Hauptrolle und der kleine Wicht von Kind hört gebannt zu, wie sich die Sache entwickelt. Heute entwickeln sich die Dinge auch. Aber in eine Richtung, von der wir sagen möchten – Halt – Stopp – bitte das Ganze noch einmal aus einer anderen Perspektive heraus besehen. Wir nehmen unseren Kindern durch die moderne Technik die Fähigkeit, ihre Fantasie zu entwickeln. Bilder sollen zu dem Text der Märchen in den Köpfen des Kindes entstehen.

Aus diesen Bildern heraus wird sich auch das Spiel mit anderen Kindern neu entwickeln und die alte Gardine der Oma wird wieder zur Hochzeitsschleier - Feier herangezogen so wie es die heutigen Omas und Opas zu ihren Kinderzeiten schon gemacht haben. Besinnen wir uns wieder eines neuen Tenors der Kinderzeit. Alles war schon einmal da, alles kommt irgendwann wieder. Das Alte ist bald wieder das Neue – und so weiter und so fort.

In all dem Wahn der Technik und der Programme von Maschinen werden wir selbst zu einer gestörten Maschine der Gesellschaft.

Steigen dann die Menschen aus dem Hamsterrad einmal aus, weil sie die Bremse getreten haben, merken sie schnell - so kann ich nicht weiterlaufen. Ich bin zu einem Tier verkümmert.

Wie froh und zufrieden sind doch schon Spitzensportler plötzlich geworden, weil sie nicht mehr dem Erfolg hinterher hetzen, sondern das Leben genießen wie es kommt. Wie kam es nach dem Kollaps dazu?

Auch der Sportler hat **zugehört!** Auf seinen Körper, auf seine Seele, auf seine Familie, Freunde und Bekannte. Ja - in einem Rausch des Erkennens sind die Tränen der Verzweiflung nicht umsonst geflossen, da sie den Platz in der Seele geschaffen haben, um zu erkennen – jetzt gehe ich meinen Weg – Basta!

Einige Sportler haben diesen Weg schon geschafft. Andere Sportler, Künstler, Politiker und Personen des öffentlichen

Lebens werden den Weg des Erwachens noch gehen müssen.

Eine Hürde gibt es bei all den neuen Wegen immer zu berücksichtigen. Dies schreibe ich <u>NICHT</u> aus Eitelkeit. Sondern aus der bitteren, eigenen Erfahrung heraus, dass diese Gesellschaft komische Kreaturen in Form von Menschen erschafft und hofft, dass es gut geht – das Experiment <u>humanide</u> Maschine der Zukunft!

In den Zukunftsfilmen laufen immer Außerirdische herum, die mit uns spielen, uns erforschen und uns vernichten. Es sind nicht die Außerirdischen mit den Ideen den

Mensch im Labor zu züchten und zu erforschen.

NEIN *– es sind die scheinbar lieben Menschen neben uns, welche in ihren kranken Hirnen die Idee des Menschen - der immer kann was von ihm gefordert wird – als reale Idee der Forschung und des Wahnsinns in die Tat umsetzen möchten. Der Mensch als reale, gesteuerte Maschine die nicht mehr selber denken kann, was gut für sie ist und immer genau den Aufforderungen des Chefs folgt.*

Den degenerativen Geist unserer Art zu pflegen oder zu vernichten, liegt in unserer

Entscheidung und dem daraus resultierenden Ergebnis eines einzigen Gedankens.

Lasst uns wieder anfangen Mensch unter Menschen zu sein – und nicht Maschine unter Maschinen als schlecht geölte Kreatur in einer Einöde des Geistes zu verkümmern!

Wie können Sie nun nach 202 Seiten eines aufwühlenden Buches zufrieden und ruhig Ihren Weg gehen?

10.10.2016
Die Welt ist verrückt!!!
Die Brombeere ist k e i n e Beere!

*Die Avocado ist e i n e Beere!
Tamme Hanken ist tot. Die Welt ist verrückt. 9.11.2016 Tag des Mauerfalls – Donald Trump wird USA Präsident!*

Lassen Sie sich nach dem Lesen ein paar Tage Zeit. Dann verinnerlichen Sie den Text in Ihrem eigenen Handeln.

Lächeln Sie und sagen SIE zu ihrem Mitmenschen gegenüber: „Du solltest dieses Buch lesen und Du wirst Dich verändern!" Dann habe ich mein Ziel erreicht!

Ihr Donegel Smith